宇宙論と統一思想
Cosmology and Unification Thought

台湾統一思想研究院院長
国立台湾大学理学院物理学元副教授
張 鏡清

光言社

まえがき

　宇宙——私は子供の頃、夜空に輝く星々を眺めるのが好きだった。一体、こんなに大きな夜空には星がいくつくらいあるのだろうか？　そのさらに遠い暗闇の向こうには何があるのだろうか？　こんなに大きな宇宙はどのようにして生まれたのだろうか？　等々と、いろいろ思いを馳せた。宇宙論とは、そのような直感的な思いを科学的に論じ、研究する学問であるといえよう。つまり、宇宙論とは、宇宙を観測し、その得た結果を理論づける学問の一分野であると思う。

　ところで、宇宙論を研究するとすれば、まず宇宙とは何であるかを知らなければならないだろう。そもそも宇宙という言葉は、漢代に書かれた『淮南子』で提起されて、「古往今来これを宙と謂い、天地四方これを宇と謂う」というように説明されている。したがって宇宙とは、宙（時間）と宇（空間）とが合わさった「時空的存在」であると簡単にいえよう。

　宇宙論とは、宇宙物理学の中で、宇宙の誕生・進化・発展を扱う分野であるといえよう。それで本書では、宇宙全体について、その誕生の姿、現在の姿、未来の姿について、論じていきたい。ところで、宇宙が始まった頃、宇宙はとても小さくて、素粒子ほどの大きさだったと考えられている。それゆえに、宇宙の始まりを研究するには、どうしても素粒子（量子）の存在が無視できない。したがって本書では、宇宙が誕生してから現在の大きさに至るまでの道筋を論じるとともに、量子論についても言及し、さらにはその量子論的な考えを宇宙全体に適用して論じていきたい。

　このような宇宙論を、私は本書で「量子論的宇宙論」と呼んでいる。さらに本書では、統一思想の観点から見た宇宙を論じ、これを「統一論的宇宙論」と呼び、本書の主要な部分を構成している。

　ともあれ、宇宙論という学問分野の簡略な入門書として書いた本書を読んでくださった読者の皆さんが、学校で習った科学の楽しさを思い出したり、これから本格的に科学への道に進んで未来の科学者、特に宇宙物理学者になってくださることを願ってやまない次第である。

本書の出版に当たり、統一思想研究院顧問の大谷明史氏から賜ったご厚意とご協力に、心からの感謝を申し上げる。また、本書の出版を励ましていただいた統一思想研究院名誉院長の小山田秀生氏、日韓トンネル研究会常任理事の山岡建雄氏、および本書の編集に携わっていただいた徳村文夫氏をはじめとする光言社の皆様にも、心からの感謝を申し上げる。

　アメリカで本書を執筆しながら。

張 鏡清

宇宙論と統一思想・目次

まえがき —— 2

Ⅰ．宇宙創生の謎の探究から宇宙論へ —————— 10

1．私たちの知っている宇宙 —— 10
謎に満ちた宇宙 —— 10
歴史上最初の天文学 —— 13
物理学における「統一」という思想 —— 13
「統一の物理学」の構成 —— 14
現代の宇宙観 —— 18

2．宇宙のなかの「モノ」と「コト」—— 18
「モノ」と「コト」の関係 —— 18
原子は構造を持っている —— 20
ラザフォードの「有核原子モデル」—— 20
ボーアの原子モデル —— 22
原子の内包している連続性と不連続性 —— 24
モノの根源に対する研究 —— 26

3．ビッグバン宇宙（火の玉宇宙）の誕生 —— 28
近代宇宙論の誕生 —— 28
理論的宇宙論と観測的宇宙論 —— 30
ガモフの火の玉宇宙：ビッグバン —— 31
宇宙誕生以前の「無」の世界 —— 33
現代物理学の両輪である素粒子論と宇宙論 —— 34

Ⅱ．現代物理学を構築している二本の柱 —————— 36

1. 現代物理学の革命的な二大理論：量子論と相対論 —— 36

ミクロの世界を扱う量子論とマクロの世界を論じる相対論 —— 36

量子論の中心理論は素粒子論 —— 36

相対論の中心理論は宇宙論 —— 37

2. 量子論と宇宙論 —— 38

黒体放射と光電効果の理論より出発した量子論 —— 38

ド・ブロイの物質波 —— 41

ラザフォードの有核原子モデルをもたらした実験 —— 42

ボーアの原子モデルは原子構造を初めて量子化したもの —— 42

量子力学の誕生 —— 44

宇宙の捉え方：古典力学 vs. 量子力学 —— 44

粒子の性質とハイゼンベルクの不確定性原理 —— 45

波の性質とシュレーディンガーの波動方程式 —— 46

不確定性原理がもたらした粒子のゼロ点エネルギー —— 49

不確定性原理と粒子の波の性質 —— 50

エネルギーと時間の不確定性原理 —— 51

仮想粒子は実在する粒子 —— 53

「無」からの宇宙創生 —— 54

宇宙が「無」とは宇宙が「無い」状態 —— 56

電磁波による宇宙の観測 —— 57

インフレーション理論から宇宙創世論への発展 —— 58

決定論的な古典力学の世界 vs. 多状態を共有する量子力学の世界 —— 58

量子世界の「重なり」と「とびとび」 —— 59

量子論的宇宙論 —— 61

構築中の量子重力理論 —— 62

ストリング理論は量子重力理論の有力な候補 —— 62

3. 相対論と宇宙論 —— 63

量子論と相対論の誕生 —— 63

運動の観点から見た相対論 —— 63

私たちの今捉えている世界観 —— 66

相対論の出発点となったアインシュタインの原理①
　　　　：相対性原理 —— 67

相対論の出発点となったアインシュタインの原理②
　　　　：光速度不変の原理 —— 68

ニュートン力学の理論体系 vs. アインシュタイン相対論の理論体系 —— 69

アインシュタインがその理論根拠とした電磁気学の発展過程 —— 70

ファラデーの「場」という考え方 —— 71

光の正体に対する研究の歴史 —— 72

相対論のもたらした大変革 —— 74

ローレンツ変換の公式 vs. アインシュタイン相対論の公式 —— 76

質量とエネルギーの等価性 —— 80

特殊相対性理論から一般相対性理論へのステップアップ —— 81

アインシュタインの等価原理の本質 —— 81

相対論の重要なポイント①
　　　　：質量とエネルギーの等価性（E=mc²）—— 83

相対論の重要なポイント②
　　　　：「本物の重力」と「見かけの重力」の区別が可能 —— 84

相対論の重要なポイント③：重力の本質 —— 85

相対論の重要なポイント④：重力による時空の歪み —— 85

相対論の重要なポイント⑤：重力波の発生 —— 86

相対論の重要なポイント⑥：重力波は何でもすり抜ける —— 86

相対論の重要なポイント⑦：原始重力波検出の重要性 —— 87

Ⅲ．統一思想概要 ——————————————— 88

1．統一思想とは —— 88

統一思想は神主義 —— 88

統一思想の理論体系：創造の心情動機説と相似の創造説 —— 88

『統一思想要綱』の構成 —— 89

2．二性性相と授受作用 —— 91

神の二性性相①：性相と形状 —— 91

神の二性性相②：陽性と陰性 —— 94

相対的関係と授受作用 —— 97

授受作用と四位基台の形成 —— 98

授受作用と四位基台の構成 —— 101

四位基台の種類 —— 104

内的自同的四位基台の構造と特性 —— 105

外的自同的四位基台の構造と特性 —— 106

内的発展的四位基台の構造と特性 —— 107

外的発展的四位基台の構造と特性 —— 108

創造活動の二段構造 —— 109

四位基台は授受作用を空間的に把握した概念 —— 111

正分合作用は授受作用を時間的に把握した概念 —— 111

原相構造の概念 —— 112

原相構造の統一性 —— 112

創造目的は創造理想の実現 —— 113

3．創造の心情動機説と相似の創造説 —— 115

喜びの対象としての宇宙万物の創造 —— 115

相似の法則による創造 —— 116

心情を動機とした創造 —— 116

神の創造性 —— 116

人間の創造性と万物主管 —— 117

相似の創造の時空世界への具現 —— 118

創造における人間の責任分担の意義 —— 119

神の創造において発生した二つの力と万有原力 —— 121

創造理想が実現した世界 —— 121

Ⅳ. 宇宙論と統一思想の和合を目指して————124

1. 科学と宗教を統一する理論を求めて —— 124
人間の欲望と堕落およびその結果 —— 124
人間の内的および外的無知 —— 126
人生行路における二種の路程 —— 127
宗教の無能化の二大原因 —— 128
新しい真理の必要性 —— 129
新しい真理の具備すべき条件 —— 130
再臨のメシヤによる全人類の救い —— 135

2. 統一思想より見た宇宙論 —— 135
神の数理性 —— 135
三数的存在である神とその創造した世界の三数性 —— 136
地球は「水と生命の惑星」—— 141
人間が三種の活動で築いた社会 —— 143
物質に表れた三数的現象 —— 143
人間の歩んだ三数的路程 —— 146
神の創造目的は四位基台の形成 —— 147
人間の復帰路程は四数復帰の歴史 —— 148
復帰歴史の数理性とその原理的意義 —— 148
復帰歴史の数理性の総整理 —— 153

3. 宇宙の発展してきた歴史——過去、現在、未来の宇宙 —— 154
宇宙の変遷史 —— 154
　(a) たった 10^{-44} 秒の「プランク期」
　(b) プランク期から「インフレーション」へ
　(c) インフレーションから「ビッグバン」へ
　(d) ビッグバンから「宇宙の晴れ上がり」へ
　(e) 宇宙の晴れ上がりから「地球の形成」まで

自然界における四種類の授受作用 —— 165

四種類の力 vs. 四種類の授受作用 —— 166

宇宙発展史における興味深い事象①

　　　：星や銀河の誕生 —— 168

宇宙発展史における興味深い事象②

　　　：核融合による元素の生成 —— 169

宇宙発展史における興味深い事象③

　　　：少量しかない原子核の生成 —— 170

宇宙発展史における興味深い事象④

　　　：安定な質量数と神の数理性 —— 171

宇宙開闢の理論 —— 174

宇宙の将来についての予測 —— 176

統一思想から見た宇宙創世と創造の二段構造 —— 178

宇宙の発展の理論としてのM理論と人間原理への期待 —— 180

人間生活に適する値になっている宇宙内の物理定数 —— 181

物理学と形而上学の境界 —— 182

宇宙の重要な数理的性質①：10^{40} の統一思想的意義 —— 183

宇宙の重要な数理的性質②

　　　：人間のために微調整されている宇宙 —— 184

宇宙論発展史の総括 —— 186

量子論的原理の総括 —— 188

量子論的宇宙論 —— 190

M理論的宇宙論 —— 191

統一論的宇宙論 —— 191

結論 —— 191

Ⅰ. 宇宙創生の謎の探究から宇宙論へ

1. 私たちの知っている宇宙

謎に満ちた宇宙

　私たちの住んでいる宇宙は、多くのいろいろな謎に満ちあふれている。この宇宙は、きわめて広大で流転している世界であり、その中に住んでいる私たち人間は、甚だ好奇心が強く、広大な天上を仰ぎ見て抱いた疑問に対して、なぜなぜと問い続けて、その答えを得ようとしてきた。

　夜空を見上げれば、星々が輝いており、銀河が渦を巻き、そしてその周りは果てしない暗闇が広がっているように見える。これが、私たちの知っている宇宙である。

　もう少し具体的に言えば、私たちの知っている宇宙は、太陽や地球や星々の集団である天の川銀河や、その他私たちの知っている全物質を包含している存在である。それは、急激に時間・空間の拡大を引き起こしたインフレーションという過程から誕生した広大な宇宙であり、私たちの観測に引っかかった、たった一つの存在である。つまり、この宇宙は、私たちの観測を通して知り得た、たった一つの存在である。

　それゆえに、私たちが住んでいるこの宇宙が、ここに確固として存在している、つまり唯一絶対の存在である、ということは疑いようもなく、当たり前のことだと思われる。だが、しかし現代の物理学の知識をもって、この宇宙を眺めてみると、そんな根本的なことさえも、疑わしく思われてくることもある。

　この広大な宇宙は、無限に広がっているのだろうか？　それとも、ただ非常に大きいだけなのだろうか？　宇宙は永遠に続くのだろうか？　それとも、ただ寿命が非常に長いにすぎないだけなのだろうか？　また、この宇宙はどこから来たのだろうか？　始まりがあったのだろうか？　もしも、始まりがあったのなら、それはどのように始まったのだろうか？

始まりの前はどうなっていたのだろうか？　この宇宙の中には、多くの物質が存在しているが、それらはどこから、そしてどのようにして生じたのだろうか？　等々と、私たち人間はいろいろと問い続けて、それらの答えを得ようと思考してきた。

　今日、私たちの知っている限りでは、この宇宙は空間的に限りなく広がっている。そして、宇宙空間はどこであろうと、同じように見える。つまり、空間的には、宇宙は一様に広がっているように見える。しかし、時間的には、ハッブルによって発見されたように、宇宙は確実に、時間の流れとともに膨張している。

　もしも、宇宙が時間の流れとともに膨張しているのであれば、時間を逆にたどって宇宙の始まりに近づいていけば、宇宙はだんだんと小さくなっていくはずである。そうであるとすれば、始まった頃の宇宙はどんな有様であったのだろうか？　またどんなふうに始まったのだろうか？などと、考えれば考えるほど、上にも述べたようないろいろな謎が生じてくる。

　これらの謎は、古代から多くの人たちの興味をひきつけてきた。神話として語られただけでなく、学問の世界でも、主に哲学者や神学者によって、さまざまな説が唱えられてきた。ある時期まで、宇宙の問題は、哲学であり、あるいは宗教であったのである。

　宇宙の謎を解くのに、科学的にアプローチできるようになったのは、長い人類の歴史の中でも、ごく最近のことである。20世紀の飛躍的な物理学の進歩と、驚異的な宇宙観測技術の発展とによって、私たちは初めて、宇宙の問題に対する答えを、科学的に求めることができる時代に入った。そして今、ようやく宇宙の謎を解く科学の一分野としての「宇宙論」が確立されたのである。

　さて、このようにして確立された「宇宙論」は、具体的に言えば、宇宙について、その誕生の姿、現在の姿、未来の姿など、宇宙全体の性質や進化を扱う学問分野である。宇宙に関わるこれらの研究は始まったばかりであるとはいえ、それは従来考えていた宇宙像とはまったく違う、そして常識では想像もつかないような驚くべき宇宙の姿を、次々と私たちに示してきた。

では、私たちがもしも、宇宙論を頼りにして宇宙全体について探究しようとするのならば、まずその探究の対象である「宇宙」について、それは一体何であるのか、どんな姿をしているのか、等々を知らなければならない。

　宇宙が全体としてどんな姿をしているかについては、前にも述べたように、古代から神話という形で、人類の文化の中でさまざまに語られてきた。そして、学問としては、天体の運行を知ろうとする「天文学」や「占星術」に始まり、宇宙の全体像を扱う、現在の「宇宙論」にまで至った。

　天文学は、人類最古の学問と言われるほどに長い歴史を持っている。つまり、天文学の歴史は、人類が築いた文明の歴史とともにあり、きわめて古いのである。人類は、文明と呼ぶことのできるほどのものが生まれた頃までには、すでに太陽や月や地球の天空上での動きを利用して、暮らしのリズムを刻むようになっていた。

　そんなリズムの中で、一番周期は短いが、しかし最も基本的であるのは、昼と夜が交代する「一日」である。人々は、夜が明けて空が明るくなれば活動を始め、日が暮れて暗くなれば休むという暮らしをずっと過ごしてきた。天文学的に言えば、「一日」のリズムは、地球が自転軸の周りを、くるくると回転し、太陽に対して向ける面が変わることから生じているのである。

　「一日」の次に周期が長いのは、夜空の月がおよそ三十日ごとに満ち欠けを繰り返す「ひと月」である。多くの文化の領域で、まず初めに使用された暦は、月の満ち欠けに基づいた太陰暦だっただろうといわれている。この「ひと月」のリズムは、太陽と地球と月との関係から生じているのである。

　人々の暮らしに関わる天のリズムの三つ目のものは、季節がめぐる「一年」である。「一年」の周期は、植物の成長と結実、動物の繁殖などの周期と結びついている。そのために、例えば農業の作業計画を立てるためには、なくてはならない重要なリズムである。この「一年」のリズムは、地球が太陽の周囲をめぐる、公転の周期にほかならない。

　このように、「一日」「ひと月」「一年」という、暦の基礎となるこれらの三つのリズムは、今日の天文学の知識から見れば、地球と月と太陽

という三つの天体の関係で決まっている。太陽系のその他の惑星や、夜空に輝く星々が、どこでどんな振る舞いをしていようと、これら三つのリズムには、何らの関わりもないのである。

歴史上最初の天文学

　人類史上での最初の天文学は、上で見てきたように、年月の計量や、暦の製作や、季節の移り変わりの予測といった農業上などでの実用的な面を中心としていた。そしてそれはまた、大昔の人々が広大な宇宙の中で、もっとも身近に見える太陽・月・地球のリズム的な運行に対する一種の観点でもあった。しかし、それは未だ理論的に確固と組成されたものではなかった。この三つの天体のリズム的な運行について、科学的な観測を行い、得られたデータによって系統的に記述することができるようになるには、ガリレオとケプラーの時代まで待たなければならなかった。

　ともあれ、それ以前の昔の人々（ルネサンス以前の人々）によって、天と地（天界と地上界）は、まったく別の世界であり、それぞれ異なる法則によって支配されていると考えられていた。宇宙がこのように天界と地上界とに分けられていた時代には、神智が人間には測り難いのと同様に、天界に働く法則を地上の人間が理解できるはずなく、天界は神の領域であり、そこで働く法則について論ずることは、物理学者ではなく、むしろ神職者の役割であると考えられていたようである。つまり、その時代には、宇宙を論じるのは神学の仕事であったのである。

物理学における「統一」という思想

　しかし、古代ギリシャの大昔から、人類が知恵を振り絞って理解しようとしてきた「宇宙」の正体は、ここ現代に至って、物理学の理論や天体観測の技術の驚異的な発展により、急速に明らかにされようとしている。そして、その歴史を振り返ってみると、そこには「統一」という思想が強く貫かれているようにみえる。物理学において、「統一」とは、一言でいえば、「見かけ上異なるものの同一性を見きわめること」といえよう。そして、そのような「統一」に至るための物理学的な基本的方法は、大きく三つに分けられる。

第一に、ものは何からできているのかを見きわめるために、どんどんと細かく砕いていく、つまり、ものをその究極的な構成要素へと分解していく方法である。これを「分解の物理学」と呼びたいと思う。

　第二に、ものの多様な運動や変化に共通する特徴を探り出し、それを支配する同一の法則を見いだすということである。例えば、月が地球の周りを回るということと、リンゴが木から落ちるということの、まったく無関係のように見えるこの二つの現象の背後に、万有引力の法則を見いだしたニュートンの天才的な考え方が、そのもっとも典型的な一例である。つまり、第二の方法は、多様な異なる現象の中に共通する特徴を見いだして、それを一つの法則に組み立てていく方法である。これを「組立の物理学」と呼びたいと思う。

　そして第三は、第一と第二を統括するものとしての「対象性の原理」と呼ばれる考え方である。ものの基本的な構成要素がすべてわかり、またそれらの間には働く基本的な力がすべてわかったとしても、これですべてがわかったとは言い難い。なぜそのような要素があるのか？　なぜそのような力の法則の形になるのか？　さらに、要素の存在と力の法則の双方を同時に決めるような基本的原理はないのか等々、より高い視点から、これらの要素や法則をまとめあげる考え方が求められているのである。そして、その実現の拠り所となるのが「対象性の原理」である。

　大変不思議なことに、自然法則は突き詰めていけばいくほど、高い対象性を示しているように見える。そして私たち人間は、対象性の高いものほど、より「美しい」と感じる。それゆえに、物理学は自然界のこのような対象性を探究することを、その一つの重要な仕事としている。この探究を、「対象の物理学」と呼びたいと思う。

「統一の物理学」の構成

　上で見てきたような「統一」に至るための三つの物理学的な基本方法を、一応「分解の物理学」「組立の物理学」「対象の物理学」と呼んだが、これら三つを合わせて「統一の物理学」と呼びたいと思う。これらの統一への三つの重要な考え方は、連綿と続けられてきた宇宙（自然）の理解への努力の歴史、特に基礎物理学の歴史をたどっていくことによって、

強く印象づけられたものであるが、その萌芽は、非常に原始的な形ではあるが、はるか古代ギリシャの時代にすでに現れていた。

まず紀元前5世紀、エンペドクレスが「不滅の有」という言い方で、「分割することはできるが、互いに他から導き出されぬ永遠の四元素」として、土・水・空気・火を挙げている。いわゆる四元素説の創始である。この思想は、程なくレウキッポス、さらにはデモクリトスに至って、はるかに徹底した形で表明された。エンペドクレスが「分割することはできる」としたのに対して、デモクリトスのアトムは、「延長を持っているが不変であり不可分で、量的にのみ規定されており、小さいために感官では知覚できない微粒子」とされたのである。むろん近代の原子論のように実験観測によって裏付けられた科学的なものではないにしろ、目に見える土や水などを、一概に抽象して上に述べたような形で言い切った大胆さは大したものである。

ところが、このアトム説は、アリストテレスが四元素説を支持するや、その絶大な権威のために葬り去られてしまった。アリストテレスは、地球を含む月より下の世界では、万物はうつろに壊れていくが、それより上の世界では永遠不滅であるという宇宙観を主張した。この宇宙観は、コペルニクスの地動説が現れるまで、1800年間にもわたり、まったく疑う余地のないものとして、知性ある人々の間に定着していた。しかし、この発想は科学的（物理学的）な観測によって結論されたものではなく、確固たる理論によって形成されたものでもないので、宇宙論とは言い難いが、その素となる一種の宇宙観と言うにやぶさかでないと思う。

さて、古代ギリシャ時代に信奉された宇宙観についての概観を終結する前に、もう二人の哲学者を挙げたいと思う。時代的には少し前後するが、一人はヘラクレイトスである。彼は、ものの多様な運動や変化に共通する特徴を、強力に自らの思想の基礎に置いた。その残した「万物は流転する」という言葉は、あまりにも有名である。そして、もう一人はピタゴラスである。彼およびその学派は、「均整と調和の原理」を追求し、円・球といった対象性の高いもの、および「数」という抽象的な規則性をもったものを、天体（万物）とその運動の法則を統一する原理として、自然科学の根底においた。

天体の運行について、科学的手法によってその観測を始めたのは、ガリレオであったことは、前にも触れたが、次にこのことについて少し具体的に見てみたいと思う。ガリレオは、望遠鏡を自製し、それを使って太陽・月・金星・木星・土星や天の川を観測した。そして、1610 年に『星界の報告』と題した書物を出版して、月の表面は滑らかで平らなようではなく、でこぼこで地球の表面と同じように粗くて山や谷があること、金星の満ち欠け、木星の四つの衛星とその運動、等々についてその詳しい観測結果を発表した。ガリレオはまた、天の川は無数の星々の集まりであることをも明らかにした。

　ガリレオは、望遠鏡で観測したところ、地球は月や木星などの天体ととりわけ変わったところがあるわけではないことがわかった。そして地球が太陽からの光を反射して明るく輝いているのであると理解し、そして地球の照り返し光で月面が照明されていることに気づいていた。太陽については、太陽の黒点は太陽の表面の現象であるという、当時としては画期的な考え方をしていた。

　以上は、ガリレオが天体の運行に対する観測結果について発表した主な業績である。ガリレオは天体の運行の観測以外にも、いろいろな重要な研究をしている。ここでその業績について、もう一つだけ付け加えたい。それは、ガリレオが明らかにした「落体の法則」である。この法則は、軽い木片と、その 10 倍の重さを持つ金属片とを、同時に落下させた場合、空気の抵抗が無ければ、この二つの物体は同時に地上に到達することを明らかにしたものである。

　ガリレオと同時代の人であったケプラーは、このほぼ同じ頃、火星の正確な軌道を突き止めようと、膨大な観測データと格闘していた。彼が答えをなかなか見つけることができなかったのは、惑星が完全な円軌道を描くという古代からのアイディアに強くとらわれていたからである。しかし、ケプラーが観測値から割り出したところによれば、火星は円軌道ではなく、長円軌道を描いていたのである。真の軌道を見いだすのに、膨大な計算を行った彼は、火星の描く長円軌道は、太陽を中心にして、惑星がその周囲を完全な楕円を描いて回転する楕円軌道であることを発見した。そして、彼は惑星の軌道周期や運行速度などについての計算の

結果を、シンプルで美しい「ケプラーの三法則」と呼ばれる三つの法則にまとめあげた。しかし、どうしてこのような法則が成り立つかについては、明らかにされなかった。その理由を明らかにしたのは、次の時代に古典力学体系を築き上げた巨人であるニュートンであった。

ニュートンは、ガリレオとケプラーのこの二人の先達の仕事を基にして、重力や物体の運動に関する法則を築き上げた。リンゴが落ちるのを見て、ニュートンが重力を発見したという話は、信憑性はともかく、じつに明快であり、それによってニュートンは天啓を得たのかもしれない。ともあれ、ニュートンの発見が何よりも重要なのは、リンゴが落ちるという「地上の出来事」と、月が落下せずに地球の周囲を回っているという「天界の出来事」が、同じ「万有引力」の法則で説明できるということである。

実際にリンゴと月の運動を計算してみて、ニュートンは自分の提案した「重力は距離の2乗に反比例する」という法則にぴったりと一致する結果を得た。こうしてニュートンは、自分の推論が正しいことを確信したのである。つまり、リンゴも月も同じメカニズムで働く力によって地球に引っ張られているということ、地上のリンゴも天界の月も、同じ法則に従って同じように振る舞う物体であるということを、確信したのである。

それで、地上界でも天界でも運動の法則は変わらないという信念のもとに、ニュートンは力学の基本法則である力と運動に関する三法則（慣性の法則、運動の法則、作用反作用の法則）を定め、古典物理学内で古典力学と呼ばれる確固たる力学体系をつくり上げた。そして、これらの運動の法則を表す数式と万有引力の数式に基づいて、ガリレオの落体の法則やケプラーの三法則を純粋に数学的に導き出すのに成功した。

つまり、ニュートンによって万有引力の法則と惑星の運動が従う法則が明らかにされ、それで天文学が重力の働きを扱う学問から、天体の運動を扱う学問へと発展したのである。このように、ニュートンは天文学の歴史上でも重要な仕事を成し遂げ、当時の宇宙観に対して大きな貢献をなしたといえよう。

現代の宇宙観

　さて、宇宙観についていえば、現代の宇宙論は「宇宙は永遠不変のものではない」という、一つのきわめて驚異的な事実を明らかにした。つまり、宇宙には始まりがあり、約138億年も前に始まって以来、ずっと進化して今のような宇宙になったというのである。

　では、宇宙に「始まり」があるとすると、いろいろな根源的な疑問が湧いてくる。例えば、前述したように、

「宇宙はどうして、どんなふうに始まったのか？」

「宇宙が始まる前は何だったのか？」

「宇宙に始まりがあるのなら、宇宙に終わりもあるのではないのか？」

「宇宙に終わりがあるのなら、宇宙の終わりの後には何があるのか？」

等々と、疑問に尽きることがない。

　今のところ、これらの疑問に対しては、未だ確実な答えは得られていない。しかし、幸いなことに、現代という時代は宇宙の探究にとっての黄金時代である。宇宙望遠鏡や巨大な地上望遠鏡などを備えつけた宇宙観測施設が次々と建設されて活用されている。これらの施設により、これまでよりも、ずっと広くまた深く、宇宙を調べることができるようになった。その結果、以前には知られていなかった新しい宇宙の真実が、続々と明らかにされてきている。

　しかし、宇宙の謎の一つが解けると、それはさらに新しい謎を呼ぶ。私たちが宇宙について知れば知るほど、謎はどんどんと多く深くなっていくようである。

２．宇宙のなかの「モノ」と「コト」

「モノ」と「コト」の関係

　私たちが住んでいるこの宇宙は、一体何だろうかという謎を理解するために、まず内容的な観点から、宇宙は「モノ」と「コト」とによって組成されて発展し続けていると考えて、論述を進めていきたいと思う。

　「モノ」とは、この宇宙のなかに実在する実質的な、有形的な存在をいい、普通に物質と称されているもので、空間的に位置を占めている「空

間的な存在」である。それに対して、「コト」とはモノがこの世界に現れて、時間の流れとともに変化する有様の、推移的な過程をいい、普通に歴史と称されている、時間的に変化をしている「時間的な過程」である。このように、モノとコトとは、同一存在の空間的な、および時間的な両面の観点から論じた概念であるといえよう。

　このようなモノとコトについて、人類は大昔より、この宇宙にあるモノはどのようにしてつくられたのだろうか？　宇宙の始まりの時につくられたのだろうか？　また、モノがどのようにしてつくられたコトを、私たちはどのようにすれば理解できるのだろうか？　つまり、モノが宇宙の時の流れとともにできあがったコトを、私たちはどうすれば理解できるのだろうか、などのような疑問に対する答えを、ずっと今まで求めてきた。

　自然科学がまだ発達していなかった古い時代には、こうした宇宙のなかに存在するモノやコトに関する疑問は、前にも述べたように、哲学者や神職者の研究テーマであったが、しかし、ハイテクが極度に発達した現在に至って、それは科学者、特に物理学者の一つの主要な研究テーマになっている。しかし、残念なことに、古代より現在に至るまで何千年にもわたって、これらの疑問について考えてきた人類にとって、モノやコトについて、未だに解けていない謎が、今もなお多く残っている。

　ともあれ、現在では、このようなモノとコトに対する疑問への答えは、神秘な宇宙の歴史の中に眠っていると考えられている。それゆえに、万物の根源である宇宙創生の謎と、宇宙進化の歴史と、モノができあがったプロセスとを、ひもといていくコトによって、人類がずっと抱いてきた宇宙に関する謎を、理解できるようになるはずである。

　さて、モノができあがったプロセスについていえば、モノには何か基本となるおおもとの物質があるのではないかという考えが、大昔からあった。ここで、古代ギリシャ時代の、代表的な二人の偉大な哲学者が、モノについてどう考えていたかを、簡単に見てみたいと思う。

　そのうちの一人は、ギリシャの哲人デモクリトスである。彼は、モノをどんどんと分割していくと、それ以上分割できない粒子「アトム」に行き着くと唱えた。自然科学が未だ学問として生まれていなかった大昔

19

から、モノの最小単位として粒子が想定されたということは、まことに、人類が驚くべき智慧を古代からもっていたことを表している。

そしてもう一人は、同じ紀元前のギリシャ人アリストテレスである。彼は、いわゆる四元素説を支持していた。四元素説とは、紀元前5世紀、エンペドクレスによって創始された、モノを構成する要素（エレメント）についての考え方で、分割することはできるが、互いに他から導出されない永遠の四元素として、土・水・空気・火を挙げたものである。アリストテレスは、当時絶大な権威をもっていたので、彼が四元素説を支持するや、アトム説は葬り去られてしまったのである。

原子は構造を持っている

さて、旧ギリシャ時代に提案された「アトム」は、一応「原子」と訳されている。アトム（atom）の語源は、「これ以上分割できない粒子」という意味のギリシャ語である。物質は、これ以上分割することができない基本粒子によって構成されているという考えは、非常に魅力的な発想ではあるが、しかし実際は、原子はその語源に反して、分割不可能な粒子ではなくて、構造をもっている。原子の構造は、簡単にいえば「中心に原子核という小さな塊があり、その周囲に一つあるいは複数個の電子が周回している」と言い表せよう。

今のところ、電子は分割できない基本粒子だろうと考えられている。電子がさらに分割できるという証拠は何もない。しかし原子核は分割することができ、それは陽子と中性子という粒子のいくつかが結合して、きわめて小さな領域に集まったものである。原子の構造についての研究は、1897年にトムソンによって電子が発見された後、1900年代にトムソンや長岡半太郎によって進められ、ニュートン力学に基づいた模型がつくられた。そして、1911年にラザフォードによって、原子の構造に関する決定的な手掛かりを与える実験の結果が発表された。

ラザフォードの「有核原子モデル」

ラザフォードは、彼のもとで研究をしていたガイガーとマースデンに、薄い金箔（金の原子の集合体）に、アルファ粒子（ヘリウムの原子核）と

いう正の電気を持った一種の放射線粒子を撃ち込む実験を行わせた。ア
ルファ粒子が金の原子を通過すると、正の電荷に帯電しているアルファ
粒子は、金の原子の中にある正の電荷から跳ね返されたり、進む方向を
曲げられたりするが、ラザフォードと彼の同僚たちは、アルファ粒子は
少し方向が変えられるだけだろうと予想していた。そして、それを確認
することで、原子のプラムプディング・モデルを説明するつもりであった。
　プラムプディング・モデルとは、原子は正に帯電した雲のような塊の
中に、負の電荷を持った電子が散らばって浮かんでいるというような原
子モデルである。もしもこのように、金原子の正電荷が全体的に広がっ
ていたら、金原子の質量と電荷とによって、進行方向が曲げられるアル
ファ粒子は、ごくわずかなはずである。しかし、実験の結果現れた現象
は、確かにアルファ粒子の大部分は少ししか方向が変わらなかったが、
しかしいくつかのアルファ粒子は金箔によって跳ね返されて手前に戻っ
てきたのである。この結果は、ラザフォードらを非常に驚かせた。ラザ
フォードはこのような結果について、「それはまったく私の人生で起こっ
た最も驚くべき出来事だった。ティッシュペーパーに向かって 15 イン
チ炸裂弾を撃ったら、跳ね返ってきて自分に当たったようなものだった
から」と述懐している。彼のこの結果に対する驚きがいかに大きかった
かが察せられよう。
　ともあれ、ラザフォードはこの実験結果を次のように考えればいいと
思いついた。つまり、散乱されたアルファ粒子が、ときどき非常に大き
な角度で曲げられるのは、電気的なクーロンの反発力によるものである
とすると、金の原子はその中心に正電荷を持った「とてつもなく」小さ
な「核」があり、そしてぶつけたアルファ粒子のほとんどは、この核の
外側にある空間を通り抜け、ごく少数の核のすぐ脇を通ったアルファ粒
子だけが、巨大なクーロンの反発力を受けて大きく進行方向を曲げられ
たのだと考えざるを得ないと、彼はこのように結論した。そして、この
ことから、ラザフォードは、小さな「原子核」の周りを、負の電気を帯
びた電子がクーロンの引力を受けて周回しているという原子モデルを提
唱した。これが、今日物理学者が「有核原子モデル」または「原子の有
核模型」と呼んでいるものである。

このモデルは、見事な実験に基づいて作られたにもかかわらず、致命的な欠点があることがすぐに判明した。それは、マックスウェルの電磁気理論を適用してみると、この原子は直に光を放出して壊れてしまう結果になるのである。つまり、原子核の周りを回っている電子は、中心に向かう力によって常にその運動の方向を変えられている。電子がこのように加速されると、電子が持っている電荷が自分自身に作っている電磁場は、波状になってその周りの空間に伝わっていく。これはとりもなおさず、電磁波が光という形で放出されていることにほかならない。

　そして、光の放出でエネルギーを失った電子は、螺旋を描きながら急速に中心にある原子核に落ち込んでしまう。このときに放出される光の波長は、電子の軌道半径に比例して変わっていくので、この崩壊の過程で放出される光の色は連続的に変わっていくはずである。しかし実際は、原子は壊れてしまうことはなく非常に安定しており、また原子から出てくる光は、その原子に特有の波長をもっている。したがって、ラザフォードのこの原子モデルには、明らかに何か重大な欠陥があるに違いない。

ボーアの原子モデル

　このように欠陥があるのを知りながらも、しかし何とかしてラザフォードの原子モデルを救おうとしたのが、ニールス・ボーアであった。ボーアは、ラザフォードらがアルファ粒子の金箔による散乱の実験に取り組んでいた時、その研究室で学んでいた。ラザフォードらが取り組んでいた研究の重要性を理解していたボーアは、1913 年に新たな原子モデルを提案した。

　ボーアの原子モデルは、原子の中心にある原子核に陽子と中性が集中しており、この原子核の周りを電子が周回しているというものである。陽子と中性子は、電子に比べて大変大きくて重たく、それゆえに原子の質量は大部分が中心部に集中しており、また正電荷もやはり陽子が存在している原子核に集中している。そして、正電荷を帯びた原子核は、負の電荷を持つ電子を、電気的な引力によって原子の中にしっかりと、留まらせているというのである。

　そしてボーアはまた、その原子モデルで原子の構造や性質について、

Ⅰ. 宇宙創生の謎の探究から宇宙論へ

まったく新しく、とても重要な、しかしとてつもなく奇妙な二つの仮説を提案した。この二つの大胆な仮説を認めると、現実の実験結果が非常に見事に再現できることを、ボーアはその鋭い直感で見抜いていたのである。

さて、ボーアの提案した仮説の一つは、ニュートン力学に従えば、原子の中の電子が原子核の周りを回る軌道は、無限に異なる形を取り得るが、実はそのうちにある特別の飛び飛びの軌道しか許されないとし、さらにどういうわけかは別として、これらの軌道は安定であるというのである。つまり、ボーアの第一の仮説は、簡単に言えば、電子の軌道を「量子化する」ということであった。このモデルこそは、原子の構造を初めて量子化したものであり、量子力学の展開に重要な役割を果たしたので、非常に有名になったものである。

そして、これと対になるさらにもう一つの仮説は、電子は光の塊、つまり光子を放出したり吸収したりすることによって、異なる軌道の間で移動できるというのである。つまり、電子が上に述べたような安定した許される軌道の間を飛び移る（ジャンプする）際に、ちょうど軌道間のエネルギー差を持った光子が放出されるという考えである。光子のエネルギーは光の振動数に比例するから、この仮説は、原子より特定の振動数の光しか放出されないということを見事に説明する。

このように、ボーアの原子モデルは、原子スペクトルをうまく説明した最初の原子モデルであった。原子スペクトルとは、物質が吸収したり放射したりする光の色のパターンである。原子は、スペクトル上で原子ごとに特定の飛び飛びの色（つまり特定の飛び飛びの周波数）の色しか吸収・放射しないということは、実は何年も前から知られていたことである。原子が放出する光の色のパターンは、その原子の種類を示す指紋のようなものである。上に述べたように、ボーアの原子モデルによれば、電子は飛び飛びの（量子化された）軌道にしか存在できず、二つの電子軌道のエネルギー差に一致するエネルギーの光子から成る光（そのエネルギーによって決まる色の光）しか吸収・放射できないのである。

以上のようなボーアの原子モデルの特色をまとめて簡単に言えば、ボーアの原子モデルとは、電子に許された飛び飛びの一連の軌道のエネルギー

23

を正確に特定し、一種類の原子だけから成る光源が放出する光の波長（つまり光の色）を厳密に記述できるものであり、それは科学のすばらしい勝利を具現したものであるといえよう。そしてボーアの原子モデルでは、光子が重要な要素になっているので、それが原子スペクトルを説明するのに成功したということは、光に粒子の性質があると考えるさらにもう一つの大きな理由ともなるのである。

原子の内包している連続性と不連続性

　さて、ボーアの原子モデルは、実験結果の再現という意味では非常な成功を収めた。しかしそれは随分と奇妙なものである。その最もおかしい点は、電子の軌道などという運動の連続性を認める概念を持ちながら、また一方では不連続な軌道間でのジャンプを考えるという矛盾を内包している点である。この「連続」と「不連続」という原子の持っている対立する二つの顔の背後に、一体どのようにして唯一のものを見いだすのか？　それにはまさしく「統一」の深い考え方が要求されるのである。この深遠な要求に対する解答は、二つのまったく異なる立場から得られた。

　その一つの立場は、ハイゼンベルクの提唱したもので、彼は徹底的に実際に観測される量のみに着目した。それは、電子の運動とかその描く軌道などというものは、誰も見たことがないものなので、それを考えずに、ただ原子の取るさまざまな不連続的なエネルギーを持つ状態と、その間を飛び移る際に放出されたり吸収されたりする光のエネルギーと振動数の関係、すなわちボーアの第二の仮説の本質をとらえることに全力をあげる、という立場を取ったものである。

　こうした立場に立ったハイゼンベルクは、振動数についての規則を抽象化していって、1925 年に「行列力学」という規則にまとめあげることに成功した。これは奇妙な規則で、その中には例えば "$x \times p \neq p \times x$" というように、掛け算の順序を替えると別の結果を与えるようなことが登場する。ともあれ、この行列力学の最も重要な帰結の一つが、いわゆる「不確性原理」と称するものである。

　そして、もう一つの立場は、ハイゼンベルクの立場とは正反対のもので、電子の軌道のほうに着目して、ボーアの第一の仮説、すなわち電子

に許された飛び飛びの軌道の選択の規則を、電子の実体を深く追求することによって導き出そうとする立場である。この立場の口火を切ったのは、ド・ブロイによって提唱された「物質波」の理論である。ド・ブロイの考え方は次のようなものである。

そもそもミクロの世界の法則が、古典物理学の法則から外れていることが明らかになったのは、波であるとばかり思われていた光が、光子という粒子のような性質を併せ持つことがわかったからであるが、それならば逆に、粒子であると思って疑わなかった電子というものも、実は波としての一面を持っているのではないか？　そして、その波の振動数は光子の場合と同じように、電子の持つエネルギーに比例すると考えるのが自然であろう。この考え方を認めるならば、原子核の周りを一周した波がぴったりと電子の軌道に収まるためには、軌道の長さが波の波長の整数倍という飛び飛びの値にならなければならず、そのような軌道のみが許されるとすれば、うまくボーアの軌道の選択則が説明できるのではないか、という考え方である。

光については、ニュートンやホイヘンスの時代から粒子性と波動性という二面性が認識され、議論されていたけれども、電子が波であるという証拠は、当時はまったく無かった。それゆえに、このド・ブロイの提唱した物質波は、まったく革命的な考え方である。しかしながら、ド・ブロイの説明には少し無理がある。波が一周すると元に戻る条件で軌道を選択するというけれども、波はひも状ではなく、軌道の外にも広がっていくだろうから、そんな直感的な描像は、そのまま受け入れるわけにはいかないだろう。その発想は確かにすばらしいけれども、それをもっと正確に表現する必要があるのである。

ド・ブロイの「物質波」が提唱されてから３年後に、この波の従う正確な微分方程式が、シュレーディンガーによって書き下ろされた。これが現在「シュレーディンガーの波動方程式」と呼ばれる量子力学の基本的な方程式で、粒子に伴う波が時間がたつにつれてどのように伝播し発展していくかを記述するものである。この方程式の解の中には、時間がたっても本質的に形が変わらない波が含まれている。つまり、「定常波」が含まれている。

さて、シュレーディンガー方程式の定常波解のエネルギーを調べてみると、まさしく望んでいたことが起こる。すなわち、定常波に対応する原子の状態「定常状態」のエネルギーは、飛び飛びの値をもって現れ、それに対応する振動数は、例えば水素原子の場合には、バルマーの公式を見事に再現するのである。つまり、ボーアの第一の仮説に重点をおいて導かれた波動方程式は、また第二の仮説をも説明するのである。

　こうして、ボーアの原子モデルの二つの側面、すなわち電子の軌道という連続性の側面と、飛び飛びの振動数（エネルギー）という不連続性の側面を追求することによって、シュレーディンガーの「波動力学」とハイゼンベルクの「行列力学」という二つの見かけ上まったく異なる理論が得られたのであるが、しかしこの二つの理論は、実は数学的にはまったく同等の内容を表しているということが、ほどなくしてシュレーディンガーによって証明され、ここに「量子力学」と呼ばれるミクロの世界の統一法則が確立されたのである。

モノの根源に対する研究

　さて、物質の根源的な存在と考えられていた「原子」に対する研究は、さらに活発に進められたが、ここで物質（万物）の根源に対する科学的研究のあらましについて、簡単に以下にまとめてみたいと思う。

　万物（モノ）の根源についての探究が、自然科学の中心テーマとなったのは、19世紀になってからのことである。その頃には、すべてのモノは、水素・酸素・窒素・鉄など数十種類の「原子」から構成されているという概念が一般的になっていた。

　ところが、原子の性質や化学反応に対する研究が進み、いよいよ原子こそが基本物質であるという考えに落ちついたところで、その中からX線やガンマ線や負の電気を持った電子などが飛び出てくることがわかった。つまり、原子の中にはまだ何かある。原子は確かに「万物の根源」ではあるが、しかしそれ以上「分割できないモノ」ではないと、考えざるを得なくなった。

　さらに20世紀になると、原子が原子核と電子によって構成されていることがわかり、そしてその原子核もまた分割できるものであり、陽子

と中性子の集まりであることが明らかになった。そして21世紀の現在、このようにモノをより細かく分けていく「分割の物理学」によって、陽子や中性子はさらに分割されて、それらがクォークという粒子の集まりでできていることがわかった。

　つまり、モノの根源を探究するために、分割に分割を重ね、もうこれ以上は分割できないだろうと行き着いたのがクォークであり、紀元前から人間が考え続けてきた「モノの基本は何か」という問いの、これが恐らく最終的な答えであろうと思われる。

　物理学では、もうこれ以上分割できない粒子のことを、すべての物質（モノ）の素（モト）であるという意味で「素粒子」と呼んでいる。クォークはもちろん素粒子であるが、クォーク以外にも、例えば光子や電子など幾種類もの素粒子がある。そして、宇宙の中にあるすべてのモノは、それらの何種類かの素粒子を材料にして出来上がっている。つまり、それらの私たちの目では見えないほどの小さな素粒子が組みあげられて、私たちの身の回りにある馴染み深いモノになるのであるが、それを究めるのが「組立の物理学」である。

　ところで、宇宙空間の中に存在している「モノの根源」である素粒子の大きさは、約10^{-35} mである。そして、私たちに見えている宇宙空間の大きさは、約10^{27} mである。素粒子の世界は私たちが知っている一番小さいミクロの世界であり、宇宙は一番大きいマクロの世界である。この大きさの両端であるミクロとマクロの世界の間には、62桁もの距離があり、私たちの直感からすれば、両者の間にまったく関係が無いように思われる。しかし最近の研究で、この両極端の二つの世界は、実は直接つながっていることがわかってきた。そして、その背景にあるのが、いわゆる「ビッグバン宇宙論」である。それゆえに、この宇宙を知るためには、宇宙内のミクロの世界とマクロの世界を探究しなければならず、それでその背景にある「ビッグバン宇宙論」を究めなければならないのである。

3. ビッグバン宇宙（火の玉宇宙）の誕生

近代宇宙論の誕生

　宇宙に関する理論が進展してきた歴史的な観点から見れば、ビッグバン宇宙論は、ハッブルが多くの銀河から地球に届いた光のドップラー効果である光の赤外偏移を測定することで、宇宙が膨張している事実を発見したことがその出発点となっている。光の赤外偏移とは、ドップラー効果により、光のスペクトルが長い波長、つまり赤いほうへシフトする現象であり、これを測定することによって、光源の運動状態を知ることができるのである。

　1919 年に完成した当時世界最大の口径 100 インチの反射望遠鏡が米国・カリフォルニア州のウィルソン山天文台にあった。ハッブルは、この望遠鏡を用いて銀河の観測を続け、1929 年までに 46 個の銀河のドップラー赤外偏移を測定し、そのうちの 24 個の銀河について距離を算出した。そして、遠い銀河ほど、ものすごい速度で私たちから遠ざかっているという驚くべき事実を発見した。地球からの距離に比例して、銀河の後退速度が増加しているというこの事実は、「ハッブルの法則」と呼ばれ、簡単な式 v = Hd（v：銀河の後退速度、H：ハッブル定数、d：銀河までの距離）で表される。

　ともあれ、これはもちろん地球が宇宙の中心に位置しているという意味ではない。そうではなく、どこで眺めても銀河は互いに遠ざかりつつあるというのである。つまり、これは宇宙空間そのものが膨張しているという強力な証拠となるのである。ハッブルは、この私たちの宇宙が膨張しているという劇的な新発見を、1929 年に発表した。

　実を言えば、ハッブルが発見した宇宙が膨張しているという事実は、アインシュタインが 1916 年に発表した「一般相対性理論」からも予測できることであった。アインシュタインは、一般相対性理論を完成させた翌年、それを基にして独自の宇宙モデルを提唱した。現在「静止宇宙モデル」と呼ばれているモデルである。アインシュタインは、「宇宙は膨張したり、収縮したりしない永遠不変のものである」と確信していた

のである。しかし、アインシュタインは実は当初、その思い描いていた
ような静止宇宙モデルをうまくつくることができなかった。実際に一般
相対性理論の「場の方程式」を当てはめてみると、その宇宙は収縮して
潰れてしまうことになる。しかし、このようなことは過去にも起こらな
かったし、未来にも起こってはならないとアインシュタインは考えた。
アインシュタインにとっては、「宇宙は静止していなければならない」
のである。それで、アインシュタインは自ら完成させた「場の方程式」
を修正せざるを得なかった。

　実は、アインシュタイン方程式は、ニュートンの万有引力の方程式を
拡張したものである。そして、アインシュタインの理論は「引力」の理
論であり、「引き合う力」（引力）のみについて示したもので、「反発し
合う力」（斥力）は含まれていないのである。これでは、どうしても互
いが引き付け合って、やがて宇宙は収縮してしまうことになる。しかし
実際には、宇宙のかなたでは銀河が猛烈なスピードで飛び去ってしまう
のである。

　そこで、アインシュタインは自分の考案した方程式を修正することを
考え、この方程式に「引力」である重力に対抗して、「斥力」の役割を
果たす「宇宙定数」と呼ばれる項を付け加えた。しかし、それには実験
的な根拠は何もなかったのである。ただ、宇宙が膨張も収縮もしないた
めには、こうした宇宙定数がなければ困るから、いわば勝手に追加した
項であったのである。ともかく、そうした項を加えることで、引力の項
とのバランスを持たせようと考えたのである。宇宙定数は「宇宙項」と
も呼ばれている。このようにして、アインシュタインは、空間を押し縮
める力（引力）と、空間を押し広げる力（斥力）とを釣り合わせること
で、未来永遠に静止し続けるという静止宇宙モデルをつくった。そして、
1917 年にアインシュタインは、「一般相対性理論についての宇宙論の考察」
として、この仮説を発表した。これは、近代宇宙論の誕生を告げる画期
的な成果である。

　しかし、宇宙は膨張しているという事実が、ハッブルによって発見さ
れ、発表されたのである。この現実の観測結果を突き付けられたら、い
くらアインシュタインであっても、宇宙は永遠に静止しているというそ

の信念を貫くことができなくなった。1931 年にアインシュタインは、ウィ
ルソン山天文台を訪れ、ハッブルのデータを検分した後に、宇宙が膨張
していることを認めると発表したのである。

理論的宇宙論と観測的宇宙論

　ちなみに、アインシュタインは自分の方程式に宇宙定数（宇宙項）を
付け加えたことを「生涯の不覚だった」と言ったとされているが、これ
は作り話かもしれない。たぶん、ガモフの作り話だろうといわれている。
しかし、最新の宇宙観測のデータは、宇宙定数の必要性を示唆している
ようである。20 世紀の宇宙論の理論側の扉を開けたのがアインシュタ
インだとすれば、観測的宇宙論の門を開いたのがハッブルであったとい
えよう。

　さて、アインシュタインが加えた修正項（宇宙定数）には問題がある
にせよ、これこそ物質世界全体を含む宇宙を、科学的に取り扱うことを
可能にした初めての理論と言っていい。5 年後の 1922 年に、フリード
マンはアインシュタイン方程式を素直に解いて、今日のビッグバン・モ
デルの基礎となる宇宙膨張の式を得た。宇宙は時間とともに変化すると
いう動的な宇宙論の誕生である。

　「もしも宇宙が時間的に変化するならば、それを受け入れればよい」
と考えて、フリードマンはアインシュタインの方程式を使って、宇宙定
数なしでそのまま宇宙空間を計算したのである。そして、この計算で、
すぐに三通りの答えが出てきた。

　一つは「曲率が負」の宇宙。これは膨張し続け、どんどんと物質の密
度が小さくなっていく宇宙である。それから「曲率がゼロ」の宇宙。こ
れは膨張しながらも、その速度が減速していく宇宙である。膨張の速さ
は減速するが、ゼロになることはなく、ゆっくりと膨張を続ける宇宙で
ある。そして「曲率が正」の宇宙。これは当初は勢いよく膨張するもの
の、やがて宇宙内の物質の引力によって収縮し、潰れてしまうという宇
宙である。

　宇宙はこの三つのシナリオのうちのいずれかにより成長している、と
いうのがフリードマンの出した答えで、これが現代の宇宙論の基礎になっ

ている標準的な考え方である。そして、それとは別に、ルメートルはアインシュタインの宇宙定数を加えた式を使って、宇宙が膨張するモデルを 1927 年に発表している。

　歴史的には、宇宙の膨張が観測を通じて発見されたのは 1929 年のことである。前にも述べたように、ハッブルが多くの銀河を観測したところ、遠い銀河ほど、より速く遠ざかっていることを発見し、それによって宇宙が膨張しているのが明らかになったのである。この宇宙の膨張が発見された時点から、私たちの宇宙には「はじまり」があったのではないかと、考えられるようになった。つまり、宇宙の膨張を、時間の流れを遡っていくと、最初は小さな点だったのではないかと考えられるようになったのである。そして、さらにそれは、「小さな点であった宇宙は、なぜ膨張を始めたのか？」というような新たな疑問をもたらした。そのようなときにガモフが、宇宙の始まりの小さな点は、ただの点ではなく、きわめて高温の「火の玉」であったということを初めて提唱した。

ガモフの火の玉宇宙：ビッグバン

　さて、このようにフリードマンの後に登場したガモフは、「宇宙は火の玉から始まった」と考えたが、では彼はなぜそのようなことを思いついたのだろうか？　それは、宇宙の中にある元素の起源を考えていたからである。ガモフとその弟子たちは、元素の起源を研究していく中で、宇宙の中にある多様な元素は、宇宙が生まれたときに核融合反応が起こってつくられたのであるという理論を考え、そして核融合反応が起こるためには、宇宙は非常に高温な火の玉でなければならないとガモフは考えたのである。

　現在では、元素の起源についてのガモフの理論は残念ながら否定されているが、しかしガモフとその弟子たちが、宇宙が火の玉で始まったことを、何らかの観測によって証拠を探し出して証明を考えたことは、まことにすばらしい考えである。彼らは、宇宙が火の玉であったならば、その頃にはものすごい光が満ち溢れていたはずだから、その「残光」が今でも観測できるのではないかと考えた。そして、宇宙が始まった当時は非常にエネルギーが高く波長が短かった光が、宇宙の膨張によって引

き伸ばされて、マイクロ波の電波として見えるはずだと予言した。

　実際、その予言どおりにマイクロ波の電波は、ペンジアスとウィルソンによって 1964 年に発見されたのである。そのマイクロ波は今では通常「宇宙背景放射」と呼ばれている。宇宙の始まりが火の玉だったという予言は、このマイクロ波の観測によって見事に証明され、それでビッグバンモデルが現在の標準的な宇宙論となったのである。

　ガモフの理論は、フリードマンの膨張宇宙を、宇宙の誕生まで遡って理論したもので、ガモフはこれを「$\alpha\beta\gamma$ 理論」と名づけた。これが「ビッグバン」と呼ばれるようになったのは、ホイルが 1949 年に BBC 放送のラジオ番組シリーズで、ガモフの宇宙が火の玉となって爆発するという理論を皮肉を込めて「ビッグバン」と揶揄したことがきっかけでついたものである。このシリーズは好評を博していたために、瞬く間にこの「ビッグバン」という呼び名が英国全土に広まった。そして、ガモフもこの名称を好んだのだろうか、それで自分の説を「ビッグバン」と呼んだといわれている。

　以上のビッグバン理論の誕生の概要を、以下のように簡単にまとめて結論にしたいと思う。

　　　宇宙の時間的変化に対する推測を背景にして宇宙の創生を記述する理論としてビッグバンモデルが完成されていった。なぜなのかは知らないけれども、宇宙は火の玉として生まれ、そして膨張していく中で、次第に温度が下がり、ガスが固まって星が生まれ、銀河や銀河団が形成され、現在のような多様で美しい宇宙がつくられた。

　このようにして現在の標準モデルとなったビッグバンではあるが、しかし、ビッグバン＝宇宙誕生とするには、まだ納得がいかないところがある。つまり、宇宙がある一点から始まったとする宇宙論は、宇宙背景放射の発見によって、そのアイデアが正しいと証明されたとはいえ、今もなお宇宙誕生のすべてのメカニズムが確認されたわけではない。例えば、未だ解けていない一つの大きな疑問として、火の玉はいったい何からどういうふうにして生まれたのか、という疑問がある。

宇宙誕生以前の「無」の世界

　物理学的には、誕生以来約138億年間に光が通った場所を宇宙と呼んでいるが、その先には何もないと考えられている。そして同様に、宇宙誕生以前の世界は何もない「無」の世界であったと考えられている。無から宇宙が生まれたと最初に提唱したのはビレンケンである。

　ビレンケンは、「無」とはもちろん光や熱などのエネルギーもまったくないばかりか、空間や時間もない状態であると言った。現代の宇宙論モデルでも、無の世界が宇宙の出発点であったと考えているが、ではこの無の状態からどのようにして宇宙は誕生し、進化してきたのだろうか？

　実は宇宙論では、無の世界というのは、何もない空っぽの世界ではなくて、真空エネルギーが限りなくゼロに近い状態の世界をいう。そこには、正の真空エネルギーと負の真空エネルギーがあって、互いに打ち消し合い、力の釣り合いが取れた均衡状態を保ちながら、かすかに揺らいでいると考えられている。そして、正のエネルギーが勝ったときに、素粒子よりも小さい泡粒のようなエネルギーの塊が、一瞬にして生まれた。これが生まれたての宇宙である。

　この宇宙は、莫大な真空エネルギーを持っていて、インフレーションと呼ばれる倍々ゲームで急激に大きくなった。インフレーションが終わったとき、真空エネルギーは熱エネルギーに変わり、「高熱の火の玉宇宙」になった。これが、現在の多くの宇宙論研究者が信じている、宇宙誕生の直後にビッグバン宇宙が生まれたというシナリオである。

　また、このシナリオにおいては、クォークなどの素粒子が、このインフレーションの激変の最中に誕生したとされている。つまり、膨大なエネルギーから素粒子が生まれて飛び出したというのである。

　エネルギーというものは、簡単に言えば、モノを動かせる能力である。エネルギーは、位置エネルギー、運動エネルギー、電気エネルギーなどと、さまざまな形態を取り得るが、そのエネルギーについては、「エネルギー保存則」という物理学での重大な法則がある。これは、エネルギーはどんな形になっても、反応前後での総量は変わらないという法則である。

　エネルギーの総量が、何が起ころうとも変わらないのであれば、宇宙

規模で考えると、今の宇宙全体のエネルギーを足し合わせたものは、138億年前の宇宙のエネルギーの総量と変わらないことになる。そして、もしもビッグバン宇宙論が主張するように、宇宙がある一点から始まったのならば、今の宇宙にあるすべてのエネルギーと同じ量のエネルギーが、宇宙誕生の時には、その一点に集中していたことになるはずである。宇宙誕生直後のインフレーションという大変動は、そのような莫大なエネルギーの塊が引き起こしたものであったのである。

現代物理学の両輪である素粒子論と宇宙論

　そして、素粒子の誕生についていえば、インフレーションの激変の中で素粒子が生まれたのだとすれば、インフレーションという激変の世界は、まさに「素粒子の世界」であるといえよう。したがって、宇宙が生まれたその起源を知ろうと思ったら、宇宙の中の「素粒子の世界（素粒子論）」を理解しなければならない。また逆に、大きな「宇宙の世界（宇宙論）」を探究することによって、小さな素粒子についてもわかることがある。

　このように、宇宙と素粒子とは、自然界の両極端にあるように見えるが、しかしこの二つは切っても切れない関係にある。したがって、宇宙の研究者にとっては、素粒子の世界にある謎をも探らなければならない。

　前に述べたように、宇宙の起源についてビッグバン宇宙論は宇宙背景放射の発見によって、その正しさが一応証されたが、しかしそれで宇宙の誕生からのすべてのメカニズムが十分に検証されたわけではない。つまり、ビッグバン宇宙論はまだ完全に完成された理論にはなっていない。その少なくない部分は、なおもシナリオともいうべき段階、つまりまだ仮説という段階にある。このシナリオが発展し、厳密な理論として確立されるのは、そんなに遠いことではなかろうかと思われる。

　したがって結論として、20世紀に始まった分割の物理学が、究極の素粒子にまで行き着き、素粒子の研究がビッグバン宇宙の構造と直結することがわかった今、21世紀の物理学は素粒子論と宇宙論が両輪となって、お互いに補い合い、刺激し合うことで進んでいくものだと思われる。

Ⅱ. 現代物理学を構築している二本の柱

1. 現代物理学の革命的な二大理論：量子論と相対論

ミクロの世界を扱う量子論とマクロの世界を論じる相対論

　現代物理学の最もめざましい成果は、量子力学と相対性理論によって
もたらされたものである。量子力学の前身である量子論は、1900 年に
プランクによる熱放射の理論に端を発し、原子以下のスケールの粒子を
扱い、1925 年にハイゼンベルク、シュレーディンガー、ディラックな
どにより発展されて量子力学として定式化されたのである。本書では、
量子論と量子力学の理論全体を合わせて、広い意味で量子論と略称する。
しかし、時には通常の習慣に従って、量子力学と称することもある。

　一方、相対性理論はアインシュタインによって構築された、宇宙にお
ける時間・空間および重力についての理論であり、時空の物理学とも言
われている。アインシュタインの相対性理論には、特殊相対性理論と一
般相対性理論の両方があるが、本書ではその両者を合わせて相対論と略
称する。

　上に述べたことを総括的に言い換えれば、過去 100 年におけるこの二
つの偉大な物理学のうち、量子論は極微の世界（ミクロの世界）を扱う、
原子とその構造についての理論であり、相対論は極大の世界（マクロの
世界）を論じる、時間・空間および重力についての理論である。そして、
量子論は何人もの著名な物理学者によって発展・形成されたが、それに
対して相対論はほとんどアインシュタイン一人によって組み立てられた
と言っても過言ではない。ともあれ、そのどちらも私たちが宇宙を記述
するのに不可欠な理論である。

量子論の中心理論は素粒子論

　さて、量子論は上述のように、原子以下のスケールのミクロの世界に

II. 現代物理学を構築している二本の柱

おける物質（モノ）を扱う理論として始まったのであるが、現在では多くの物理学者が、量子論は時間と空間を含むすべてのものにあらゆるスケールで活用できるのではないだろうかと考えている。しかし現実的には、量子論の効果がはっきりと現れるのは、微視的な領域（ミクロの世界）に限られている。それゆえに、ミクロの世界にある物質の探究が、量子論の一つの最も中心的なテーマとなっている。つまり、物質の素（モト）を扱う「素粒子論」が量子論の重要な中心理論となっている。

　ところで、量子論が私たちに知らせていることは、簡単に言えば、自然界のあらゆる粒子は波であるということである。ひと粒ひと粒の粒子が波であるということを理解するのは難しいかもしれないが、しかし、まさにこの点こそが、衝撃的で不可解な量子論のエッセンスである。そしてこの性質は、原子レベル以下の小さなスケールにならないと表面化しないのが現実である。

　また、量子論にはもう一つの重要な事実がある。それは、どんな粒子でもエネルギーを与えれば与えるほど、その粒子の量子的波長が短くなるということである。これは顕微鏡や粒子加速器などの基礎となる非常に重要な基本的事実である。そのために、粒子に大きなエネルギーを与えて、その探索のための道具にしようとすれば、巨大な粒子加速器が必要となるのである。

相対論の中心理論は宇宙論

　他方、相対論が上に述べたように宇宙における時間・空間および重力についての理論であるとすれば、相対論を理解するためには、当然まず宇宙とは一体何であるかを知らなければならない。宇宙という言葉は、すでに紀元前2世紀頃の中国の古い文献『淮南子』に使用されている。それによれば、四方上下を「宇」といい、往古来今を「宙」というとある。そこには、時間と空間を含む宇宙という概念が述べられているとともに、全時間・全空間の中で起こる一切の事物を含むという規定が含まれている。

　この規定は、西洋におけるコスモスやユニバースのように、その中にある事物の関連や統一性に重点を置いた規定ではなく、ただすべてを含

37

むことを重視した言い方である。ともあれ、具体的に言い表せば、「宇」とは上下・左右・前後の四方八方に広がっている「空間」を指し、そして「宙」とは過去・現在・未来へと流れる「時間」を表すということである。したがって、宇宙とは時間と空間を合わせた全存在ということになる。物理学では、通常時間と空間を合わせて「時空」ということが多い。この言い方をすれば、宇宙とは「時空的存在」と言い表すことができよう。

　さて、相対論は、宇宙における時空に関して、一つの驚嘆すべきことを明らかにしている。それは、時間や空間はその中にある物質などと相互に関係し合って、非一様にゆがみ、変化するものだということである。したがって、宇宙空間の性質や宇宙の進化（時間的発展）を扱う「宇宙論」は、相対論にとって、一つの中心理論としての位置を占めている。

　それゆえに、現代物理学の二大理論である量子論と相対論にとって、その中心的なテーマとして組成されている理論は、「素粒子論」と「宇宙論」であるといえよう。素粒子論については、私の前著『物理学と統一思想』の中で、また本書の中でも、すでに少なからず論じてきたので、以下では素粒子論については、いくばくかの理論を付け加える以外は、主として宇宙論についての探究を進めていきたいと思う。

２．量子論と宇宙論

黒体放射と光電効果の理論より出発した量子論

　プランクの熱放射の理論を出発点として発展した量子論について、まず光の現象を中心にして、具体的にその発展してきた経過を少し見てみたい。

　19世紀後半には、物理学者たちは電気と磁気についてかなりのことを理解していた。これらの電気と磁気に関する知識は、1864年にマクスウェルによって、マクスウェルの方程式と呼ばれる有名な四つの方程式にまとめられた。マクスウェルの方程式は、電気と磁気にはとても密接な関係があることを示している。つまり、変化する電場が変化する磁場を生み出し、また変化する磁場は変化する電場を生み出すというよう

に、電場と磁場が交互に生まれることを示している。

そして、この場が場を生み出す現象は、光の速さでどんどんと広がっていく。これが光の本質であるというのである。つまり、光を成している電場と磁場は、どちらも数学的には波であるということを、マクスウェルの方程式は示したのである。

マクスウェルの方程式が発表される以前に、すでに光は波の性質である反射、屈折、回折、干渉などの諸性質をもっていることが発見されていて、光が波であるということは、当時の物理学者たちの共通の観点になっていたのであるが、マクスウェルの方程式は光が波であるという「光の波動説」を確固とした理論で確立したものであるといえよう。

しかし、一方で、19世紀後半の物理学者たちによって、光には光の波動説で説明することのできない現象があることが発見された。例えば、光が物質に吸収されたり、物質から放射されたりするメカニズムを、当時の物理学者たちは、波としての光では説明することができなかった。

19世紀の終わり頃の物理学者たちにとっての一つの主な研究目標は、「物体が高温になって光を放つとき、放射される光の色は温度によってどう変わるか」という問題を解決することであった。そして彼らは、光の波動説に基づいて、物体から放射される電子のエネルギーは光の明るさによって決まるのであり、光の色には関係しないはずだと予想していた。ところが、放射された電子のエネルギーは、光の明るさではなくて、色によって変わるということを発見した。そして、この予想に反した結果をどのように解釈するのかに、当時の物理学者たちは、てこずってしまった。つまり、光の波動モデルではこの問題を解決できなかったのである。

そこで、当時の物理学者たちは、放射された光の色と輝度とを測定するために、研究対象を黒い容器に入れて実験をした。それゆえに、物体が放射する光は「黒体放射」と呼ばれていた。1900年に、プランクは黒体放射の光の色と輝度を完璧に説明できる理論を作り上げたが、驚くべきことに、プランクの理論は光を波動とは見なさず、エネルギーの小さな塊（つまり粒子）と見なしていたのである。しかし、光はエネルギーの粒子として存在するというこの考え方を真に受け入れた人はほとんど

いなかったようである。

　さて、光が波であるという概念から粒子であるという概念に変えるのに、大きな役割を果たしたもう一つの出来事があった。それは、1880 年代後半、ヘルツによって金属の表面に光が当たると電子が放射されるという「光電効果」と呼ばれる現象が発見されたことである。彼は、光の色と明るさ（つまり光の強度）によって、金属から出てくる電子の流れがどう変わるかを調べた。光の波動説に基づけば、金属から放射される電子のエネルギーは、光の明るさによって決まり、光の色には無関係のはずである。ところが、放射された電子のエネルギーは、光の明るさではなくて色によって変わることをヘルツは発見した。そして、このあからさまな矛盾は、物理学者たちの一つの大きな悩みの種となった。

　1905 年に、アインシュタインはこれら一連の「光電効果」に関する実験を説明する論文を発表した。この論文でアインシュタインは、光を小さなエネルギーの塊（つまり量子）であると仮定した。このアインシュタインの光量子説は、一連の実験結果をうまく説明するのに成功したが、しかしこの光量子説の立場は、光波動説の立場とは真っ向から反対するものであった。1909 年に、ミリカンは光電効果について細心の注意を払った実験を行い、アインシュタインの光量子説は細部にいたるまで正しいことを示した。また、ミリカンの研究からは、光電効果で観察される光のエネルギーの塊は、黒体放射をもうまく説明することができるとわかった。

　こうして、まったく異なる二つの現象である黒体放射と光電効果によって、光は小さな塊として、色に応じて異なるエネルギーを持っているというように考えざるを得なくなった。具体的に言えば、それぞれの光の塊が持つエネルギーは、光の振動数 ν に定数 h をかけたもの「E=hν」になることがわかったのである。この定数 h は、通常プランクの定数と呼ばれている。このようにして、光はエネルギーの小さな塊、つまり量子でできているという結論が得られた。

　以上が量子論の誕生の大まかな物語である。現在、一種の素粒子として考えたときの、この光の量子は光子（フォトン）と名付けられている。光子は、プランクやアインシュタインによって最初に提案された光の量子を呼ぶ言葉として、現在の物理学に広く使われている。

Ⅱ. 現代物理学を構築している二本の柱

　このように、光は波であるが、同時に粒子でもあるという描像が確立
されたが、しかし波は連続的な広がりを持つものであり、粒子は一個ず
つのばらばらなものである。この両者は別のものに見える。当時の物理
学者たちは、波と粒子のそれぞれについて、すでに優れた理論的モデル
を持っていたが、しかし私たち人間にとっては、この二つを異なるもの
として体験するので、このように一つのものが波と粒子の両方の性質を
同時に持つということは、普通の常識では、まことに想像だにしないこ
とである。

　しかし、自然は光が「粒子か波か」ということには、あまりこだわら
ないようである。光は「あるままのもの」であり、人間にとって、光は
粒子の性質と波動の性質の両方を持っていると観察されるだけのことで
ある。つまり、光について何を尋ねるかによって、光は粒子のようなも
のとして現れたり、波動のようなものとして現れたりするのである。例
えば、ダブル・スリットを通ってきた光がスクリーンの上に結ぶ像を調
べるときには、光は波動として現れるし、光を金属に当てて電子を放射
させる現象を調べるときには、光は粒子として電子を弾き出す。このよ
うに光は波のようにも粒子のようにも振る舞い得るという意味で、いわ
ゆる波動と粒子の二重性を持っているように見えるというのである。

　つまり、光を表す科学モデルは、どんな現象が現れるかという問いに
答える際に、粒子の性質と波動の性質のどちらが重要かに応じて変化す
る。これが、光は波動と粒子の二重性を持っているように見えるという
ことが包含している内容の、一つの具体的な表現法ではなかろうかと思う。

ド・ブロイの物質波

　さて、光は波であると同時に粒子でもあるというのなら、光の代わり
に物質を考えた場合、物質の粒子は同時に波ではないかとド・ブロイは
考えて、1924年に電子のような物質の粒子は、同時に波でもあるとい
う衝撃的な提案をした。この波は「物質波」と呼ばれたが、彼はまた、
物質波の「波長」が、粒子の質量と速度によってどのように決まるかを
予測した。ド・ブロイの説は、当時ボーアの考えていた原子モデルの、
原子の中における特定の電子軌道だけが安定であるということの理由に

41

ついても実にすばらしい説明を提供することができた。

ボーアの原子モデルは、原子スペクトルをうまく説明した最初の原子モデルである。原子スペクトルとは、物質が吸収したり放射したりする光の色のパターンである。原子の構造については、1900年代の初め頃から、物理学者たちは原子は正の電荷を帯びた小さな粒子である陽子と、それよりもずっと小さい負の電荷を帯びた電子とからできているということを知っていた。しかし、これらの粒子が原子の内部でどのように配置されているかについては、わかっていなかった。

ラザフォードの有核原子モデルをもたらした実験

それで、原子の内部を「見よう」とした物理学者たちが、最初にやったのは、原子に「弾丸」をぶつけて、どう跳ね返ってくるかを調べてみることであった。このような実験は、前にも述べたように、ラザフォードのもとで研究をしていたガイガーとマースデンによって1909年に次のようになされたのである。彼らは、正電荷を持ったα粒子を「弾丸」として金箔に撃ち込む実験をした。すると、ほとんどの場合、α粒子は金箔をそのまま通り抜けたが、ときどき手前に跳ね返ってくるものもあった。ラザフォードと彼の同僚たちは、α粒子は少しだけ方向が変えられるだけだろうと予測していた。確かに、大部分のα粒子は少ししか方向が変わらなかったが、しかしいくつかのα粒子は金箔に跳ね返されて手前に戻ってきたので、彼らは非常に驚いたのである。

ラザフォードは、この結果を次のように解釈した。すなわち、すべての正電荷とすべての質量が、原子の中心にある小さな核に集中しているのなら、ぶつけたα粒子のほとんどは原子を通り抜け、ごくまれにだけ跳ね返されるだろうと考えたのである。それでラザフォードは、正電荷を持つ陽子は原子の中心にある原子核に集中しているという説を提唱した。この原子モデルを、現在の物理学者たちは「有核原子モデル」と呼んでいる。

ボーアの原子モデルは原子構造を初めて量子化したもの

ラザフォードたちが、この散乱実験に取り組んでいた頃、ボーアはラ

ザフォードの研究室で学んでいて、ラザフォードたちが取り組んでいたこの研究の重要性を理解していた。そして彼は、1913年に新たな原子モデルを提案した。ボーアの提案したモデルは、前に述べたように、原子の構造を初めて量子化したものであり、量子力学の展開に重要な役割を果たしたものとして、非常に有名なモデルとなった。次にもう一度、そのモデルについて見てみたいと思う。

　ボーアの原子モデルは、陽子と中性子が原子の中心部に集中して原子核を構成し、その原子核の周りを電子が周回しているというものである。それゆえに、このモデルでは、原子の質量のほとんどが中心部の原子核に集中しており、また正電荷もやはり陽子が存在している原子核に集中しているとし、そしてこの正電荷を帯びている原子核は、負電荷を帯びた電子をひきつけて、原子の中にしっかりと捉えているとした。

　ボーアはまたその原子モデルで、原子の中にある電子は、ただ原子核の周りの安定したとびとびの特別な軌道にしか存在できず、そして二つの電子軌道のエネルギー差に一致するエネルギーの「光子」から成る光（そのエネルギーによって決まる色の光）しか吸収・放射できないと提案した。この新しい重要な提案は、原子が吸収または放射する光の波長（つまり光の色）を厳密に記述することができた。このように、ボーアの原子モデルは「光子」を重要な要素として原子スペクトルを説明するのに成功したのであり、このことはまた光には粒子の性質があると考える上で、さらにもう一つの大きな理由となったのである。

　しかし、ボーアの原子モデルでは、特定の電子軌道だけが安定であることの理由については述べていなかった。これについては、ド・ブロイが実にすばらしい説明を与えている。このことについては前にすでに触れたが、ここでド・ブロイが提唱した説明を、少し具体的に見てみたい。

　さて、ある「波長」を持った電子が、ある軌道に沿って原子核の周りを回っている場合、その軌道が安定な軌道となるには、軌道の周の長さがその電子の波長のちょうど整数倍になっていなければならない。さもなければ、軌道を回っている間に、電子の波は自分で自分を打ち消してしまうからである。軌道を回りながら、波が自分自身と干渉し、自らを強固にするような軌道だけが、安定な電子軌道になるというわけである。

43

量子力学の誕生

　ともあれ、普通の大きさの物体にある波の性質を考えた場合、その波の波長は人間には感じられないほど短いので、この場合には物体に波の性質があることは考えに入れなくてもよく、したがって古典力学がちゃんと使えるのである。でも、ド・ブロイによれば、とても小さいもの（肉眼ではとても見えない小さな粒子）については、物体（粒子）の波としての性質が重要になってくるというのである。1920 年代の物理学者たちは、このことに気づき、そのために物質波を扱うことのできる新しい物理学をつくり出さなければならないはめになった。このようにして生まれた新しい物理学が量子力学である。

　この新しい物理学である量子力学の構築には、多くの有名な物理学者たちが貢献している。その主な物理学者たちの残した業績を次に若干列挙しようと思う。

　まず、ハイゼンベルクは 1932 年に「量子力学の創始」によりノーベル物理学賞を受賞、ディラックとシュレーディンガーは 1933 年に「原子理論の新しい生産的な形式の発見」により共にノーベル物理学賞を受賞、パウリは 1945 年に「排他原理の発見」でノーベル物理学賞を受賞、そしてボルンは 1954 年に「量子力学、とくに波動関数の確率的解釈の提唱」によりノーベル物理学賞を受賞している。以上の物理学者たちが、量子力学創成期の主役たちであったといえよう。

宇宙の捉え方：古典力学 vs. 量子力学

　量子力学は、原子の構造や性質、光と物質の相互作用などを科学的に理解するための手掛かりとなるのみならず、それにもまして重要なのは、それが宇宙についてのさまざまな不思議を発見し、理解するための手段ともなっていることである。宇宙については、古典力学と量子力学は、根本的に異なった捉え方をしている。

　古典力学によれば、宇宙は決定論的である。つまり、確実性にその基礎をおいている。それは例えば、ある粒子の位置と速度およびその粒子に働いている力がわかれば、その粒子がその後どこに存在するかが正確

に計算できるし、また粒子の位置と速度の両方を正確に決定することが可能であるということである。しかし、他方の量子力学は非決定論的である。つまり不確実性をその基礎においている。例えば、粒子の位置と速度がわかっており、その粒子に働いている力がはっきりとわかっていても、量子力学はせいぜいその粒子がある経路を運動する確率が計算できるだけで、可能ないくつかの経路の内、どの経路を粒子がとるかはわからない。個々の粒子に何が起こるか、確かなことは何とも言えないのである。つまり、宇宙はもはや決定論的ではない。ミクロの世界では、予測不可能であることが基本となっているのである。

　これは、古典力学は粒子を粒子として扱うが、量子力学は粒子を波として扱うことからの帰結である。波としての性質が重要となる微少な粒子については、このように古典力学と量子力学とは、まったく異なる結果をもたらしている。量子力学が私たちに教えている要点は、自然界のあらゆる粒子は波であるということである。一粒一粒の粒子が波であるということは、私たちの日常の常識ではとても理解し難いが、しかし量子的な状態は、「粒子か、それとも波か」ではなくて、「粒子でもあり、波でもある」というのである。それゆえに、微少な粒子を量子力学的な波によって記述することができ、そしてその波は時空内の任意の点で、その粒子がどれくらいの確率で検出されるかを知るものとなる。このように、前にも述べたように、宇宙はもはや決定論的ではないのである。

　さて、ミクロの世界の小さな粒子が「粒子でもあり、波でもある」ということは、私たちにとって甚だ理解し難いが、その理解を少しでも深めるために、ここで「粒子」と「波」の本性について、少し検討してみたいと思う。

粒子の性質とハイゼンベルクの不確定性原理

　粒子の場合、その運動している状態を記述するのに最も基本的な物理量となるのは、その「位置 (x)」と「運動量 (p)」である。ハイゼンベルクはその理論において、これらの物理量を「行列」で表した。ところで、二つの行列の積は、その掛ける順序を逆にした場合、その二種類の積は等しくならない。それゆえに、x と p を行列の形で表した場合、xp と

px は等しくならない。すなわち、（xp ≠ px）である。これは、粒子の位置を先に測定してから後に運動量を測定した場合と、測定の順序を逆にして、先に運動量を測定してから後に位置を測定した場合では、位置と運動量の積の値が違ってくることを意味している。ということは、この式（xp ≠ px）は、粒子の位置と運動量を同時に正確に知ることは原理的に不可能であることを示していることになる。この式より、後で述べる自然界の重要な法則である「不確定性原理」が導かれることをハイゼンベルクは示した。

波の性質とシュレーディンガーの波動方程式

　一方、波の場合であるが、波は振動が伝わる現象であるから、その振動をはっきりと記述しなければならない。そのために、１秒間に何回振動するかを明確に示さなければならない。この１秒間に振動する回数が「振動数」である。また、波には「山」と「谷」がある。一つの山とすぐ隣の山との間隔距離、あるいは一つの谷とすぐ隣の谷との間隔距離が「波長」である。距離は長さであるから、波長は「長い」「短い」で表される。そして、山の高さ、あるいは谷の深さ（下向きの高さ）を「振幅」という。

　ちなみに、振動数と波長とは、お互いに反比例する。振動数の高い波は波長が短く、振動数の低い波は波長が長い。だから、波の性質を表す場合、振動数と波長は、その中の一つだけを用いればよいことになる。それゆえに、波を記述するのに、その波長（または振動数）と振幅を用いれば記述できることになる。本書では波長と振幅を用いて記述することにする。

　ところで、波長も振幅も異なる多くの波を合成すると、その合成波はある場所だけに集中し、それ以外の場所ではすべての波が打ち消し合って合成波の振幅はゼロになり、その結果、ある場所にだけ波が束ねられたようになって、いわゆる「波束」が形成される（図２−１参照）。もしも重ね合わせた波全部が同じ波長を持っていたら、それぞれ振幅が異なっていても、波束は形成されない。

　波束もやはり粒子の波の性質の現れで波動関数である。一般に１個の

Ⅱ．現代物理学を構築している二本の柱

　ミクロな粒子に対してシュレーディンガーの波動方程式を解くと、いろいろな波長と振幅を持った多数の波動関数が現れる。どの波動関数がその粒子に対する波動関数なのかを知る手段はない。その粒子がまだ実際に観測されていないときは、粒子の状態はすべての波動関数を重ね合わせたものとして現れる。つまり波束として現れるのである。ところで、粒子の運動量 p と波長 λ の間には、ド・ブロイの関係式（$\lambda = h/p$）があるので、いろいろな異なった波長の持つ波が混合されている波束は、明確な運動量を持つことができないということになる。

　波束として表された粒子は、図２－１に示されているように、Ａ点とＢ点の間のどこかにあるわけであるが、これはその粒子の位置の不確定さが事実上波束の幅で決まることを意味している。したがって、波束の幅を Δx で表すと、Δx が粒子の位置の不確定さとなる（図２－２参照）。

図２－１　波束

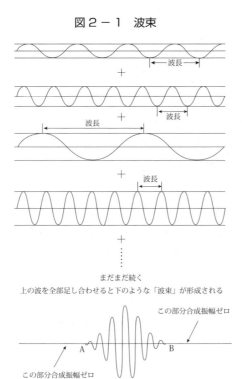

（山田克哉『量子力学のからくり』講談社、173頁より）

47

言葉を換えて言えば、波というものは空間に広がりを持って存在するために、粒子の位置が不確定になってしまう。つまり、粒子が持っている波動性という性質のために、粒

図2-2　波束における粒子の位置の不確定さ

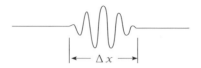

（山田克哉『量子力学のからくり』講談社、176頁より）

子がどこにいるのか確定できず、その粒子の位置の不確定さ Δx が波束の幅で表されるということである。

　ところで、粒子の波には粒子の「位置」ばかりでなく、「運動量」も入っている。それゆえに、「位置の不確定さ」と同時に「運動量の不確定さ」も現れることになる。運動量の不確定さとは、もっと具体的に言えば速度の不確定さと同じことで、どのくらいの速度で動いているのかわからないということである。

　自然界のミクロな粒子が持っているこのような「位置の不確定さ」と「運動量の不確定さ」との間には一定の関係がある。粒子の位置をより正確に決めようとすると「位置の不確定さ」は少なくなるが、その代わりに「運動量の不確定さ」が増大する。また、その逆のことも起こる。その一例として、もしも粒子の運動量（速度）がぴったりと正確な値である場合、つまり運動量の不確定さがない場合には、その粒子の位置の不確定さが無限大になる。ということは、運動量の値が正確にわかっても（速度がはっきりしていても）、その粒子がどこにあるのか、さっぱりわからなくなってしまうということである。この場合、確かに言えることは、その粒子はこの宇宙のどこかにあるということである。それゆえに結論として、「粒子の位置」と「粒子の運動量」は、同時に正確には決められないということになる。これがハイゼンベルクが発見した「不確定性原理」である。しかしハイゼンベルクは、この不確定性原理を上述のような波束から導き出したのではなく、物理量を行列として扱って導き出したのである。

　ところで、粒子が持つ「位置」とか「運動量」という物理量は想像上の量ではなく、実際に測定してその値がわかって初めて意味のあるもの

Ⅱ. 現代物理学を構築している二本の柱

となる。そこで例えば、粒子がどこにいるのかを測定器を使って突き止めようとした結果、粒子がどこにいるか、その位置がかなり正確に求められたとしよう。すると、位置の不確定さ△xはきわめて小さくなるが、その代わり運動量の不確定さ△pはかなり大きくなり、そのために粒子の運動量の値がきわめてあやふやになってしまう。逆に、この粒子の運動量をできるだけ正確に測定しようとすると、運動量の不確定さ△pは小さくなるが、その代わり位置の不確定さ△xが大きくなり、そのために粒子の位置がきわめてあやふやになってしまう。この位置の不確定△xも運動量の不確定さ△pも測定誤差を表すものではなく、自然界に属する一種の本性である。したがって、上述の論述より、粒子の位置と運動量を同時に正確に決定することは、原理的に不可能であるという結論に達するのである。

不確定性原理がもたらした粒子のゼロ点エネルギー

　粒子の位置と運動量を同時に正確に決定できないことから次のような重要な結果がもたらされる。今、一つの誰も見ていない粒子があって、その粒子が完全に静止しているものと仮定しよう。その粒子が完全に静止しているということは、ある位置に完全に留まっている、つまりその位置が確定しているということである。それゆえに、この粒子の持っている位置の不確定さ△xはゼロになる。さらに、静止しているということは、速度が完全にゼロであり、したがって運動量も完全にゼロとなる。ゼロというのは確定した値であるから、運動量が完全にゼロであるということは、その値が完全に確定しているということであり、したがって運動量の不確定さ△pもゼロとなる。つまり、完全に静止している粒子は、その位置の不確定さ△xも運動量の不確定さ△pも共にゼロとなり、したがってその二つの値の積である△x△pもゼロとなってしまう。この結果は、自然の重大な法則である不確定性原理を破っていることを明示している。

　この結果は要するに、誰にも見られていないときはミクロの粒子は絶え間なくどこかで、そこいらをちょろちょろと動き回っていて、静止していることはないということである。たとえ粒子の周囲の温度が絶対零

度であっても、もちろんこのミクロ粒子は静止することなく動き回っており、したがって運動エネルギーを持つことになる。このエネルギーは粒子の持ち得る最小限のエネルギーとなり、通常「ゼロ点エネルギー」と呼ばれている。

不確定性原理と粒子の波の性質

ところで、粒子の位置の不確定さΔxと運動量の不確定さΔpのどちらもゼロではないということは、別の観点から言えば、粒子はいろいろと異なった位置xを取り、いろいろと異なった運動量pを取るということになり、それは前に見てきたように、粒子が観測されていないときは、本質的にじっと静止していることは許されないことを意味する。だが、粒子を粒子として考える限り、粒子がじっと静止することが許されないというのは、実に受け入れ難いことである。だから、ここで「粒子」は粒子であるというイメージを決然と捨て去って、粒子は粒子であり波でもあるということを受け入れざるを得ない。ハイゼンベルクが提唱した不確定性原理は、粒子には波の性質をも持っているということに基づいた原理であるといえよう。

さて、1920年代の中頃、ハイゼンベルクは宇宙についてすべてを知ることはできないということに気づいていた。彼は、量子の世界ではある特定の組み合わせの一対の量は、任意の高い精度で同時に知ることはできないことを見いだした。そして粒子について、そのような一対の量として、位置と運動量が同時に正確にはわからないことを検討し、これを不確定性原理としてまとめあげたのである。

不確定性原理によれば、粒子の位置xに関わる不確定さΔxに、その粒子の運動量pの不確定さΔpを掛け合わせたものは、プランク定数hを4πで割った数値よりも大きくなる。つまり[$\Delta x \Delta p \geq h/4\pi$]である。この数値は小さいけれどもゼロではない。そのために、前にも述べたように、粒子の位置xがよくわかっている場合には、位置の不確定さΔxがとても小さくなるので、運動量pの不確定さΔpはとても大きくなる。逆に、粒子の運動量pがよくわかっているときには、粒子の位置xはあまりよくわからなくなるという結果が得られる。

50

Ⅱ．現代物理学を構築している二本の柱

エネルギーと時間の不確定性原理

　ところで、不確定性原理が成り立つ対は、位置と運動量のほかにも、例えばエネルギーE と時間 t がある。このときには ［ΔEΔt ≧ h／4π］である。この対に不確定性原理が成り立つことから、さまざまな奇妙なことが導き出される。例えば、ある粒子がある量子状態にものすごく短い時間の間だけにあるとき、そのエネルギーは途方もなく不確定である。このことについて、ここで小さな空っぽの空間を考えよう。量子力学では、不確定性原理に反しない範囲内で、この小さな空間のエネルギーが変動することが許される。言い換えれば、空っぽの空間の中でさえも、ごく短い時間の間だけなら、エネルギーがかなり大幅に変動しても構わないのである。それは、Δt が小さければ、ΔE は大きくても構わないからである。このエネルギーの変動は、「量子ゆらぎ」と呼ばれている。

　要するに、「量子ゆらぎ」とは不確定性原理によって許されるエネルギーの変動であり、または質量の変動である（エネルギーと質量の間には等価性の関係があるから）。そして、この量子ゆらぎは宇宙の巨大な構造の根源と密接な関係がある。というのは、初期宇宙で真空の相転移が起こったときに、物質密度のデコボコが生まれる。つまり、密度ゆらぎ（量子ゆらぎ）が生まれる。初期宇宙の量子ゆらぎは非常に小さいものであるが、この小さな量子ゆらぎがインフレーションという急膨張によって大きく引き伸ばされ、急膨張が終わった後にはきわめて大きくなる。こうしてつくられた量子ゆらぎの密度の濃い部分に物質が重力によって引きつけられ、だんだんと成長して、星や銀河、銀河団、超銀河団などとなって、宇宙の大規模構造ができたのだと考えられている。

　つまり、インフレーションは大きな空間的スケールの量子ゆらぎ（密度ゆらぎ）をつくり、宇宙の大規模構造の種となったのである。それゆえに、宇宙の大規模構造の種は、インフレーションの「量子論的密度ゆらぎ」であるといえよう。

　以上、不確定性原理によって生じる量子ゆらぎについて見てきたが、次にエネルギーと時間に関わる不確定原理について、もう少し見てみたい。例えば、粒子のエネルギーを測定する場合、どんなに短くてもある

51

程度時間をかけなければエネルギーは測定できない。時間をかければかけるほどエネルギーは正確に測定できる。しかし逆に、時間を短くすればするほど、測定されたエネルギーは正確さを欠く。つまり、エネルギーと時間は同時に正確に指定することはできない。どうしても時間の不確定さとエネルギーの不確定さが同時に伴うのである。

エネルギーと時間の間に成立する不確定性原理から導き出される一つの興味深い現象として、「ある時間内にはエネルギーが保存されない」というのがある。具体的には、それは「真空」中から突如粒子が出現するという現象である。「真空」とは、物理学者たちがよく空っぽの空間を指していう言葉であるが、普通一般の言葉でいえば、空っぽの何もない「無」の空間をいう。古典物理学では、真空は何ものをも一切含まないまったく空っぽの単調な無の世界であるが、しかし量子力学では状況は少し違う。この世界では、真空はまったく「空っぽ」ではなく、その中から突如として粒子が生じたり消えたりするのである。

さて、アインシュタインの有名な式［E = mc^2］によれば、質量そのものはエネルギーに変換され、また逆にエネルギーは質量に変換される。つまりエネルギーと質量は同じである。それゆえに、真空からポッと粒子が出現するということは、エネルギーが無から発生したことになり、これは明らかに「エネルギー保存の法則」に違反する。また、真空中から現れた粒子はきわめて短い時間だけ出現し、すぐにまた真空に帰って消滅してしまう。これもまた「エネルギー保存の法則」が破られている。つまり、短い時間だけ「エネルギー保存の法則」を破って真空から粒子が飛び出し、すぐまた真空に戻っていくのである。

ところで、量子の世界で真空から飛び出す粒子というのは、実際には粒子 − 反粒子の対である。それゆえに、真空というのは、無から粒子 − 反粒子対が生まれたり、また消滅して無へと帰ったりしている、まるでぐつぐつと煮え立っているスープのようなものである。ただし、真空から飛び出した粒子のエネルギーの量、すなわち質量の値ははっきりとは確定していない。また真空から現れて、短くはあってもどのくらいの時間生存できるのか、その時間間隔すなわち寿命もあやふやで生存期間が確定していない。このことは、時間とエネルギーとの間に成立する不確

定性原理に基づくものである。

　粒子－反粒子対とは、質量とエネルギーの等価性により、真空の中のエネルギーの変動が十分に大きいときに、そのエネルギーが変化して生じた粒子と反粒子のペアをいう。不確定性原理が破られなければ、このような粒子－反粒子対は一瞬にしか存在できず、すぐさま消滅してしまうので、人間には見えないが高度な科学実験によってその存在が確かめられている。

　粒子が真空から飛び出すということは「粒子が真空から生成された」ということになる。不確定性原理によれば、真空から発生した粒子の寿命が長ければ長いほど、その粒子の持つエネルギー（質量）はより確定され、その逆に寿命が短ければ短いほど、その粒子の持つエネルギー（質量）はより不確定になる。そして、寿命が短く質量がきわめて不確定であるということは、その質量がきわめて大きいかもしれないし、あるいはきわめて小さいかもしれないというように、その粒子の持っている質量の値の幅が大きいということである。このような不確定性原理に基づいて真空から生成された粒子を、そのままの姿で直接観測することは不可能である。この意味において、不確定性原理に従ってエネルギー保存の法則を破って真空から発生消滅するような粒子を、物理学者たちは「仮想粒子」と呼んでいる。

仮想粒子は実在する粒子

　仮想粒子は直接観測することはできないが、「仮想」という文字が入っているからといって、それはただ頭の中で想像している粒子ではなく、真に実存する粒子であり、真空には仮想粒子が充満している。また、仮想粒子はエネルギーを持っているので、真空はこれらのエネルギーで満たされているということになる。真空に充満している仮想粒子、つまりエネルギー保存法則を破って真空から飛び出してくる仮想粒子は、光子や電子が主である。光子については前で大分論じたので、ここではただ電子について見てみたいと思う。

　電子はマイナスの電荷を持っている素粒子である。しかし、真空には電荷はなく、また電荷に関しては不確定性原理がない。それゆえに、電

荷保存の法則を守るためには、真空からマイナスの電荷を持つ電子が飛び出したのであれば、同時にプラスの電荷を持つ電子が飛び出さなければならない。この場合、全電荷がゼロになるように、マイナスの電荷とプラスの電荷はぴったりと等しくなくてはならない。それゆえに、電子の場合は、マイナスの電子とプラスの電子がペアになって、真空から放出され、ごく短い時間の間だけ存在して、すぐにまた真空に戻っていって消滅してしまわなくてはならない。プラスの電子は通常「陽電子」と呼ばれている。そして真空から放出された電子や陽電子は、それぞれ仮想電子、仮想陽電子と呼ばれている。

「無」からの宇宙創生

　以上、空っぽの空間である真空から、仮想粒子が突如として発生・消滅する現象について見てきたが、この奇妙な何もない「空」の空間からは、仮想粒子が飛び出すのみならず、量子論を宇宙全体に適用した一研究分野である量子宇宙論では、宇宙もこの真空、つまり「無」の空間から始まったと考えられている。そこで、無から宇宙が始まったという理論の発展してきた経過について、ここで少し見てみたいと思う。

　宇宙の誕生直後の状態を表すらしいと思われる方程式が、1960年代の終わり頃にホイーラーとドウィットによって発見された。この「ホイーラー・ドウィット方程式」は複雑すぎて、その解を求めることはほとんど絶望的であった。そのために、ビレンケンはこの方程式を単純化することによって何とか解けるようにしようと考えた。そして彼は、その研究の結果を1982年に「無からの宇宙創世」と名付けた論文として発表した。そこで、彼は宇宙空間はどこでも同じであるという単純化した宇宙を考えた。つまり、一様な宇宙を考えたのである。その結果、この単純化した宇宙におけるホイーラー・ドウィット方程式は、きわめて単純になり、何とか解を求めることができるようになったのである。

　数学的に言って、方程式の具体的な解を求めるには、境界条件が必要である。上述の方程式は、宇宙の誕生を記述するものなので、その境界条件は宇宙がどういう形で始まったかという条件に対応する。ビレンケンはそれで一つの境界条件を選んで、この方程式に対する一つの解を求

Ⅱ．現代物理学を構築している二本の柱

めた。その解は、宇宙が存在しない状態から忽然として生まれたというものになっていた。そこでビレンケンは、宇宙が存在しない状態を「無」と呼び、この「無」から宇宙が発生したという「無からの宇宙創世」を提示した。

ビレンケンの設定した宇宙の境界条件は、唯一の可能な境界条件というわけではない。これと異なる境界条件として一例を挙げれば、ハートルとホーキングによる「無境界・境界条件」がある。それは、「境界を持たない」ということを境界条件としたもので、この条件を具体的な数式によって表したものである。そして、この場合に「虚時間」（「虚数時間」）というものを導入している。宇宙はあるとき、「ポコッ」と生まれたと考え、その生まれる途中で流れる時間が「虚時間」であり、そして私たちが過ごしている「実時間」になった途端に宇宙がポコッと現れた。宇宙はこのように「無」からではなく、「ある大きさ」を持って生まれ、それから一気に急膨張を始めた。これがホーキングらが唱える無境界仮説（無境界・境界条件）の考え方である（図2－3、図2－4参照）。

ホーキングらの唱えるこの考え方が正しいかどうかは、未だ明確ではなく、なおも多くの物理学者たちによって、いろいろと検討されている。

それで、宇宙の始まりについての上述のような「宇宙が無から始まっ

図2－3　宇宙はポコッと生まれた

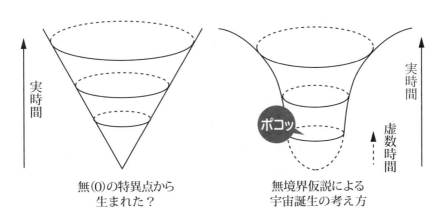

（郡和範『宇宙はどのような時空でできているのか』ベレ出版、112頁より）

図2-4 無境界仮説の構成

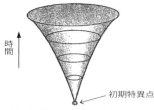

(a) 実時間での宇宙の時空図。時間の始まり（特異点）が存在する
(b) 初期宇宙の時間と空間を「切り取った」時空図
(c) それに虚時間の「キャップ」をはめた時空図。時の始まりも特異点も存在しない

（竹内薫『ホーキング　虚時間の宇宙』講談社、180頁より）

た」という考えは、現在に至っても未だ一つの仮説にすぎず、確立された理論（学説）にはなっていない。一般に科学的理論というものは、理論的な予測（予言）を実験や観測の結果と比較することによってその正しさが確定されて、初めて確固たる理論として成り立つのである。ところが、宇宙創世の理論を直接に実験や観測をするのは、今のところほとんど不可能であると言ってもよい。それゆえに、無から宇宙が始まったという宇宙創世論は上述のように未だに一つの仮説にすぎない。しかし宇宙の始まりを科学的に記述できるかもしれないという可能性が生じたということは、科学的に宇宙の始まりを論じることができるようになったという意味で、まことにすばらしいことである。

宇宙が「無」とは宇宙が「無い」状態

とはいえ、宇宙が「無」から始まったと聞いても、その意味をたちどころに理解できるとはとても思えない。そもそも「無」とは何だろうか。私たちはまずそれを理解しなくてはならないだろう。宇宙が「無」から始まったというときの「無」とは、宇宙が「無い」状態のことを指している。ならば、宇宙が無い状態とは何だろうか。それを知るのには、まず宇宙とは何かを知って初めて宇宙が「無い」状態とは何かを理解できるようになるのではないだろうか。

さて、前に述べた『淮南子』によれば、空間のことを「宇」と呼び、時間のことを「宙」と呼ぶとある。この呼び方に従えば、「宇宙」とは

時間と空間を合わせた存在ということになる。このことから類推すると、宇宙が「無い」状態という「無い」とは、時間と空間のどちらもない状態ということになる。これは私たち人間の想像力の限界をはるかに超えていることを言っている。つまり、宇宙が「無」から始まったというときの「無」は、まさに人間が直感的に理解できる範囲をはるかに超越しているのである。このために、簡単な言葉でそれらのことを説明しようとしても、何ともちぐはぐな説明にしかならないだろう。

　無からの宇宙創世論は、1980年代の終わり頃から1990年代の初め頃に盛んに研究されていて、それからすでに20年以上も経過している。しかし、際立った進展があるとは言い難い。前にも述べたように、宇宙創世の理論を直接的に実験や観測で確かめることは、ほぼ不可能なのが現状であるので、宇宙が本当に無から始まったのか、それとも何か別の可能性があるのか、今のところはどちらとも言いかねないのである。

電磁波による宇宙の観測

　今のところ、科学者たちは宇宙を観測するのに光を使用するしか方法がないが、しかし光によっては宇宙がビッグバンで始まってから38万年までの間の宇宙は小さすぎて、中にある物質が狭い空間に押し込められて満ちているために、光がまっすぐ進もうとしても、すぐにそれらの物質にぶつかってしまい、直進することができないのである。

　それゆえに、光や電波、エックス線などの電磁波を使って宇宙を見ようとする限り、38万年以前の宇宙を直接見ることはできないのである。しかし、電磁波以外の手段、例えば初期宇宙からやってくる重力波やニュートリノを観測することによって初期の宇宙を見ることは、原理的には可能であるかもしれないが、しかし現今の技術では、そのような手段は未だ実用化されていない。それゆえに、現在のところ初期の宇宙を見るには、電磁波を用いるしかないのが現状である。

　初期の宇宙を直接観測できなくても、それでも宇宙論研究者たちは、38万年以前の宇宙についても研究することはできる。それは、初期宇宙で何が起きていたかという痕跡は、何かしら宇宙に残っているはずだからである。現在の宇宙で観測された情報をすべて総合し、それをもと

にして理論的に初期宇宙の状態を探るのである。標準ビッグバン理論も、そのような方法によって確立されたものだったのである。

インフレーション理論から宇宙創世論への発展

初期宇宙に関わる研究の進展の現状について言えば、今はちょうど現代技術の粋を集めて宇宙からの情報を集めている段階に来ている。その最前線では、ビッグバンをもたらしたものが何であるかについて、ようやく科学的な議論ができるかもしれないというところまで研究が進められている。インフレーション理論も、こうした観測の進展により、ようやく検証が可能になるかもしれないと期待されているが、どんな結果になるだろうか。まだ何とも言えない。

楽観的な立場に立てば、この先インフレーション理論が検証されて、そのうちにさらにその先にある宇宙創世論も検証されるという結果になるかもしれない。でも、果たしてそうたやすくいくだろうか。予想外の紆余曲折もあるかもしれない。想定外の新事実が発見されたり、または理論に新しい可能性が提起されることもあり得るだろう。むしろ予想どおりに事が運ぶよりも、あらかじめ予想もつかなかった方向へ進展するほうが、はるかに面白い展開になるだろうとも思われる。

さて、量子力学の奇妙さを示す現象として、不確定原理およびそれによって生じる幾つかの重要な現象について見てきたが、これは量子力学では複数の状態が共存しているために、粒子の位置などのいろいろな物理量が不確定になるということも関係している。

粒子の状態を表すのに、古典力学と量子力学とでは大きく異なるということは、今まで何回となく繰り返して強調してきたが、ここでもう一度簡単に回顧してみよう。

決定論的な古典力学の世界 vs. 多状態を共有する量子力学の世界

古典力学での各時刻における粒子の運動状態は、粒子のその時刻における位置と速度で表される。そして時刻を決めれば、その粒子の位置と速度は決まっている。

一方、量子力学では時刻を決めても粒子の位置は決まらない。Aとい

う位置に粒子がある状態、Bという位置に粒子がある状態、Cという位置に粒子がある状態……等々の多くの状態を共有している。決まった一つの時刻に、一つの粒子が多くの異なる位置にある状態を共有しているというのは常識外れのことであるが、これが量子力学の本質である。ともあれ、それらの各状態に対しては、共存度（波動関係）という数値が決まっている。そして、この共存度が、粒子の波と呼ばれるものに対応するのである。

このように、量子力学は常識破りの理論であるといわれている。私たちの常識では、物事についてはいつも一つに決まっていて、私たちが見ていようが、見ていまいが、ずっと続いていると考えられている。しかし量子力学では、物事については、このような常識的な考え方とは、ずっと大きく異なる考え方をしている。つまり、物事とは、もともといくつもの状態が「重なり」合っているものであり、私たちが見るたびに一つの状態として現れる。つまり私たちにとって、物事は見る瞬間に「とびとび」に決まっていくのである。

量子世界の「重なり」と「とびとび」

それゆえに、量子力学の世界を大雑把にイメージするとすれば、「重なり」と「とびとび」というこの二つの言葉に要約することができよう。ここで、この二つの言葉の意味するところを、具体的な現象で見てみたいと思う。

量子力学の発展してきた歴史的な観点から見れば、量子論が生まれたのは 1900 年にプランクがエネルギーは一つ、二つ……とデジタルに数えられるという仮説に端を発したのである。そして量子論はやがて原子の中の電子の様子を見るのに応用された。それは 1910 年代にボーアによって、原子の中で電子は原子核の周りを回り、そのエネルギーの「高さ」は「とびとび」であるという模型を提案した。そして、その電子はエネルギーの異なる高さの間を、ぴょんと飛び移ると主張した。言葉を換えて言えば、電子が持つエネルギーは不連続の値しかとれず、ぴょんぴょんと上下に飛び移るときに吸収したり、放出したりするエネルギーも塊になっているということである。

このような考えを取り入れて理路整然と組み立てられた理論体系が量子力学である。「量子」という言葉は「数えられる」ということを意味する。エネルギーでさえも連続的な数ではなくて、一個、二個……と整数個で数えられ、小数点以下の半端な数にはならない。エネルギーのみでなく、粒子の状態を表すいろいろな物理量でも同様である。それだからこそ、「量子」であり、ミクロの世界はまさに「とびとび」の世界なのである。

　また、原子核の周りを回っている電子が、その異なる軌道の間を跳び上がるのに要するエネルギーとぴったりと一致するエネルギーを持つ波長の光を電子に当てるとき、その光を十分に長い時間の間照射すれば、エネルギーの低い軌道にいる電子はエネルギーの高い軌道へと跳び移る。では、もしも高い軌道に確実に移らせるのに必要な時間のちょうど半分だけの間光を照射したとすれば、常識的に考えれば、このとき電子は「途中まで上がる」と思うだろう。つまり、電子は中間状態に落ち着くのではないかと思いたくなる。ところが、量子の世界には途中はないのである。驚いたことに、量子力学ではこのときを電子のエネルギーの高い状態と低い状態が重なり合っていると見なすのである。これこそが「重なり」なのである。このときの状態は電子の居場所が定まらないあいまいさを示しているのであり、言い換えれば、それは居場所が「重なり」合っているということを意味することにほかならない。

　このように量子力学では、原子であれ、電子であれ、光子であれ、粒子が持つ物理状態が同時に重なり合うことを主張している。つまり、その持っているエネルギーの高低、またはその居場所に限らず、そのほかのいろいろな物理状態も、みな各々「重なり」合うのである。そして私たちが、そのある一つの物理状態を観測した瞬間に、その観測されている物理状態は「重なり」からある一つの状態へと「とびとび」に決まっていくのである。

　上で述べたことを、一例を挙げて具体的に見てみよう。例えば、粒子に光を当ててその位置を測定するとしよう。すると、最初の測定で粒子がAという位置にあることを確かめてしまうと、この測定によって粒子の運動が乱されてしまうので、その後に粒子がどのような速さでどこに

向かって動いていくのかわからなくなってしまう。この場合、粒子の位置を正確に測定すればするほど、粒子の運動がより大きく乱されてしまい、その後の粒子の運動をより確かに知ることができなくなってしまうのである。これが前に述べた量子論の「不確定性原理」と呼ばれている性質であるが、しかしこれはまた人間が測定という行動を行う以前には、粒子は可能な運動が「重なり」合っている状態にあったとも考えられる。これが量子論の考え方である。

　量子論では、未来が一通りに決まってしまうという古典物理学の性質が失われている。つまり、古典物理学では人間の行動とは無関係に世界が動くことになっているが、量子論では人間の行う観測行為が積極的に世界の振る舞いに影響を及ぼすのである。それは、いろいろな状態が「重なり」合った状態、つまりはっきりしないあいまいな状態を、観測することによって強引にその「重なり」合った状態の中のどれか一つの状態に「とびとび」に決めてしまうということである。しかし、観測の結果、どの状態が得られるかは完全には予言することができず、ただ確率的にしか予言できない。このように量子論が示している世界の姿はかなり気まぐれなものである。観測してどのような結果が出るかは確率的にしか求められず、最終的には偶然に左右されてしまう、というのが量子論の本性なのである。

量子論的宇宙論

　では終わりに、量子論を宇宙全体に適用してみたいと思う。量子論を宇宙全体に適用した分野を「量子論的宇宙論」と呼べると思うが、普通には「量子宇宙論」と呼ばれている。この分野に属するものとして、例えば前述の「無からの宇宙創世論」が挙げられる。宇宙論においてもう一つの重要な分野は、相対論を宇宙全体に適用した「相対論的宇宙論」であるが、これについては次節で論じたいと思う。

　現在の宇宙において、宇宙全体の振る舞いは重力に支配されている。そして今のところ、一般相対性理論（以下相対論と略称する）が重力を説明する理論として創始されている。相対論は時空の物理学ともいわれているが、宇宙というのは時空的存在であり、したがって宇宙全体の振

る舞いは時空の物理学である相対論によって説明されているのである。ところが、相対論は完全に古典物理学に基づいて構築されているので、量子論に出てくるような確率的な振る舞いは含まれていない。量子論と相対論は現在の宇宙を構成しているミクロの世界の粒子とマクロの世界の宇宙を的確に記述しているので、現代物理学の双璧と並び立っているのも、ゆえなきにしもあらず、と言えよう。

構築中の量子重力理論

　量子論と相対論はともに20世紀の初め頃に完成されたが、上述のように、これら二つの理論は両立しないので、これらを矛盾なく含むより大きな理論を構築すべきであることは、当初から明らかに望まれていた。しかし、それからすでに100年くらいたった今でも、未だに量子論と相対論を統一的に含む理論が完成されていないのである。相対論は主に重力を説明する理論であり、それよりもさらに一歩進んだ理論としての量子論を矛盾なく含む重力の理論として、「量子重力理論」が構築中であるが、未だ未完成である。矛盾のない量子重力理論を完成させることは、現在の理論物理学者にとって長年の夢とされ続けられている。

　現在の物理学者は、自然界には全部で四つの基本的な力が働いていることを明らかにしている。前にも述べたように、それらは電磁気力、弱い力、強い力、重力の四つである。重力以外の三種類の力、すなわち電磁気力、弱い力、強い力はすべて場の量子論の枠組みで取り扱える。ところが重力だけは、未だもって、どうしても場の量子論で取り扱えない。それゆえに、重力を量子論の枠組みに入れた量子重力理論の完成が強く望まれているのである。

ストリング理論は量子重力理論の有力な候補

　矛盾のない量子重力理論が含まれるかもしれない理論の有力な候補として、ストリング理論（ひも理論）が精力的に研究されている。しかしこの理論も30年以上も研究されているにもかかわらず、未だに完成の域に達していない。この理論が完成された暁には、それが正しく現実の世界を如実に表しているかどうかが初めてわかるであろう。そしてその

ことは、ずっと未来の物理学者が決めるであろう。

3. 相対論と宇宙論

量子論と相対論の誕生

　科学技術の驚異的な発展によって、私たち人間は以前よりも、より遠い宇宙、より速い速度、より小さい物体を観測できるようになった。その結果、それまでの物理学では説明できないようないろいろな現象が出現した。そして、それらを説明するために、新しい物理学をつくらなければならなくなった。すなわち、私たち人間の日常の感覚に基づいた先入観や思い込みに束縛されていないような新しい物理学をつくらなければならなくなったのである。そのようにして生まれたのが量子論と相対論である。

　量子論は前に述べたように、幾多の著名な物理学者たちによって構築されたが、それに対して、相対論はアインシュタイン一人によって完成された理論であり、特殊相対性理論と一般相対性理論とによって構成されている。

　相対論において、特殊相対性理論が「特殊」と呼ばれるのは、この理論が適用されるのは、観測者同士がお互いに「一定の速度」で運動している場合だけだからである。観測者の一人または両方が「変化している速度」で運動している場合には、特殊相対性理論は当てはまらない。そういう場合をも扱えるように、アインシュタインは一般相対性理論をつくり出したのである。

運動の観点から見た相対論

　このように、相対論では物体の運動についても言及しているが、運動について検討するためには、空間と時間の本性を知らなければならない。速さというのは、空間と時間の両方を含む量だからである。ところで以前に見てきたように、宇宙とは時空的存在である。それゆえに、時間と空間の本性について知れば知るほど、宇宙をよりよく理解できることにもなる。だから、次にアインシュタインの相対論を運動の観点から見て

みたいと思う。

　アインシュタインは、互いに一定の速度で運動している二人の人間が同じものを観察した時、そこにどのような関係があるかを考えて、特殊相対性理論を創立したが、この理論の基礎として彼は二つの仮定を立てた。

　　　仮定１：観察者がどんな速度で運動しているかにかかわらず、光の
　　　　　　　速度はすべての観察者にとって同じである。

　　　仮定２：観察者が互いにどんな速さで運動していようが、彼らにとっ
　　　　　　　て物理法則はまったく同じである。

　相対論は、この二つの単純な仮定から生まれたのであるが、さてこの二つの仮定から一体何が導き出されるのだろうか。それを検討するために、ここでこの二つの仮定を出発点として一つの思考実験をしてみよう。

　まず、ＡとＢという二人の観察者がいるとしよう。Ａは箱型のトラックの中に乗っており、一方Ｂは道路脇でこのトラックが通り過ぎるのを見ているとする。そして、トラックは一定の速度で走って、Ｂの目の前を通り過ぎるとする。トラックの床には特殊なランプが置かれており、そこから天井に向かってパルス状の光が送られる。光は天井に設置している鏡で反射されて床に戻ってくる。ＡとＢの二人ともこの出来事を観察している。さて、この場合ＡとＢは何を目撃するのだろうか。そして、二人の観察した結果を、どのように解釈すればよいのだろうか。

　上述のような状況において、Ａ（トラックの中にいる）はトラックと一緒に動いているので、彼には光がまっすぐ天井に向かい、そこからまっすぐに床に戻ってくるのが見える。一方、Ｂ（トラックの外にいる）は光の速さは有限なので光が往復するあいだにトラックがある距離だけ前に進むのを観察することになる。つまり、光が三角形の経路を進むのを目撃するわけである（図２－５参照）。ともあれ、ここで大事なのは、ＡとＢで見る立場が違うと、光が進む経路も違って見えるということである。

　このようにＡとＢは、違う立場から見ているので、光が違う経路を進むのを見るようになっている。Ｂからすれば、Ａが見るよりも長い距離

64

を光が進むのが見える。光の速さは、光が進んだ距離を、その距離を進むのにかかった時間で割ったものであるので、BのほうがAよりも、光が長い距離を進んだように見えるというのは、二人が観測している時間は同じ長さであるので、一応、二人が見る光の速さが違うかのように思

図2-5　2人の観察者AとBが見る同一の光の経路

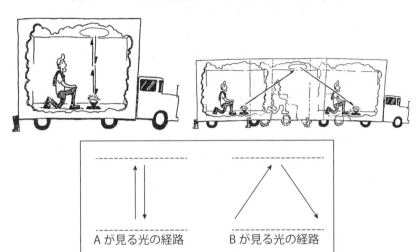

（スティーヴン.L.マンリー、吉田三知世訳『アメリカ最優秀教師が教える相対論＆量子論』講談社、48〜49頁より）

われるが、それはアインシュタインの相対論の基礎となっている仮定1に反することになる。

　アインシュタインが立てた一つ目の仮定1によれば、この場合には「AにもBにも光の速度は同じ」でなければならない。したがって、光が天井まで行って再び戻ってくるまでにかかる時間は、AよりもBのほうがより長くかかるはずである。つまり、アインシュタインが言おうとしていることは、相手に対して一定の速度で運動している二人の観察者から見て、光は同じ速さで進むと仮定するなら、二人にとって時間の過ぎる速さは違うはずだ、ということである。言い換えれば、BにはAよりも光が長い距離を進むように見えて、しかも光速が二人にとって同じなら、この出来事はBから見たときのほうが長くかかるということである。つまり、Bにとっては、Aよりも時間が速く過ぎているのである。という

ことは、時間は絶対的ではなくて、相対的なのである。

　では、時間とは何だろうか。時間が存在するということは、どうしてわかるのか。どうして私たちには時間が必要なのか、等々と、昔から哲学者は時間について思索してきた。哲学者のみならず、科学者にとっても、時間の概念なしには科学理論を構築することができない。さらに、普通に日常生活を営んでいる私たちにとっても、時間の概念は必要なのではないだろうか。簡単に言えば、時間とは物体がいつあったかや、出来事がいつ起きたかを、そのなかで測定する枠組みである。

私たちの今捉えている世界観

　私たちを取り巻いている宇宙は静止などしていない。時々刻々と変化している。実際、「変化は常に起きている」ということだけが、唯一変わらないのである。さて、その変化についてであるが、変化を認識するには時間の概念が必要である。時間とは変化を測定するための物差しであるとも言えよう。時間について、そして空間についても、私たちはみな基本的な概念を共有しているが、この概念は私たちが世界をどのように見るかということと不可分である。

　私たちを取り巻いている宇宙を、平らで無限に大きい三次元空間が、時間の中で一つの向きに徐々に運動しているものだと私たちは捉えている。日常生活で、何かの位置（場所）を特定するには、三つの数字が必要である。つまり、空間内の位置は幅、奥行き、高さの三つの数字で表される。空間については、私たちは三次元しか認識できないが、もしかしたら本当は次元が三よりも大きな宇宙の中で私たちは暮らしているのかもしれない。つまり、私たちが暮らしている宇宙には、見かけ以上に多くの次元があるのかもしれないのである。ともあれ、流れる時間のなかを、足並みそろえて動いていく三次元、これが私たちみなが今等しく捉えている世界観である。

　ところで、私たちが住んでいるこの宇宙は、何次元の世界であるにしろ、それは以前に述べたように、時間と空間を合わせたもの、つまり時空的存在である。そして、時間と空間に考えを及ぼしたとき、おそらく大抵の人はすぐにアインシュタインの相対論と結びつけて考えるであろ

う。相対論は、時間と空間についての理論であるからである。相対論は、通常「特殊相対性理論」と「一般相対性理論」に分けられ、前者は時間と空間、および物質とエネルギーの密接な関係を論じ、後者は曲がった時空に基づく精密な重力理論を構築しているものであると手ほどきされている。

アインシュタインは1905年に「特殊相対性理論」を発表し、そして1915年に「一般相対性理論」をつくりあげた。相対論において、「特殊相対性理論」の「特殊」というのは、「ある特殊の条件下でのみ適用できる」という意味であって、それは前に述べたように、観測者同士がお互いに「一定の速度」で運動している場合にだけ適用できるのであり、より一般的な条件下で、つまり観測者の一人または両方が「変化している速度」でお互いに運動しているというような、より一般的な条件下でも適用できるために、アインシュタインは「特殊」の理論をさらにステップアップして「一般相対性理論」をつくり上げたのである。このように、ニュートン力学から特殊相対性理論へと一段階、そしてさらに特殊相対性理論から一般相対性理論へと一段階、というような二段階の跳躍をアインシュタインは、ほとんど独力で超人的に成し遂げた。

アインシュタインが追求したのは、最も普遍的な物理学であった。彼はこの宇宙のどこでも成り立つ万人共通の物理学を構築しようとした。そして自分の物理学の出発点として、「相対性原理」と「光速度不変の原理」という二つの原理を導入した。この二つの原理は相対性理論の前提となるものである。

相対論の出発点となったアインシュタインの原理①：相対性原理

ところで、アインシュタインの「相対性原理」は慣性系における物理法則について論じたものである。それで、それを理解するために、ここで慣性系とは何かについて見てみたいと思う。アインシュタイン以前にも、古典力学でガリレイがすでに慣性について論じている。それは、外部から力が加わらないかぎり、静止している物体は静止し続けるし、運動している物体は等速度で一直線上に運動し続ける、というものである。これは、「ガリレイの慣性の法則」と呼ばれる法則で、ニュートン力学

の第一法則に採用されている運動学の基本則である。

　さて、物体が存在または運動している場所や、ある物理現象が起こった場所を表示するのに、一般的に座標系が用いられている。座標系Aと座標系Bが「等速度運動」をしているとき、この二つの座標系を「慣性系」であるという。等速直線運動の速さや方向は任意の値を取りうるから、慣性系は無限にある。しかし、宇宙のどこでも成り立つ普遍的な物理学が存在するとすれば、その物理学はどの座標系ででも成り立っているはずである。それはとりもなおさず、そのすべての座標系は物理学的な意味で対等であるべきである。つまり、「すべての座標系で、物理法則は同一の形式で書き表される」ということである。これがアインシュタインの「相対性原理」である。

　アインシュタイン以前のニュートン力学にも同様な相対性原理があり、それは「ガリレイの相対性原理」と呼ばれている。つまり、「すべての慣性系で、力学法則は同一の形式で書き表される」というものである。

　この二つの「相対性原理」、つまりアインシュタインの相対性原理とガリレイの相対性原理を見比べればすぐわかるように、アインシュタインは「力学法則」を「物理法則」に書き換えただけである。表面的に見れば、これはただ小さな変更だけであるかのように思われるが、しかしそれが物理学的な内容に対してもたらした結果は、革命的なものである。というのは、力学的な現象に限定されている相対性原理を、電磁気学的な現象をも含めてすべての物理現象にまで拡張して適用したということに、非常に重要な意義があるからである。

相対論の出発点となったアインシュタインの原理②：光速度不変の原理

　アインシュタインが特殊相対性理論の前提として採用したもう一つの原理は、前述したように、「光速度不変の原理」である。これは、ある慣性系から眺めたとき、いかなる光も光源の速度に関係なく、常に一定である、という主張であった。このアインシュタインによって採用された「光速度不変の原理」は、一見きわめて異様な、独自的な主張だと感じられるだろうが、しかし普遍的な物理学を築き上げるためには、どうしても必要な前提である。その理由については、おいおいと見ていきた

いと思う。アインシュタインはまた、真空中の光速は一定であるばかりでなく、何ものも光速を超えて運動することはできない、つまり光速が宇宙の最高制限速度であるとも主張した。

　光速が宇宙の最高制限速度であることを理解するために、例えば超光速ロケットについて思考実験をすれば、それを理解するのは必ずしも困難なことではないことがわかる。さて、このロケットは地球を出発し、目的地の惑星にまで飛んで行って着陸するものとしよう。つまり、このロケットについて見れば、地球を出発したという原因があり、その後に惑星に到着したという結果が起きるということである。

　ここで、このロケットが出発してから、速度をだんだんと速くしていくときの、その時々刻々の状況を調べてみれば、ロケットの速度が光速を超えたところで、因果関係の逆転が起こることがわかる。つまり、ロケットの速度が光速を超えると、まず到着したという結果があって、それから出発したという原因が起きたというように、因果関係が逆転する事態が起きてしまうのである。

　物理学は、原因と結果に関わる学問であり、まず原因があって、それから結果が起きると主張する。それゆえに、このロケットについて言えば、まず地球を出発するという原因があり、その後に目的地に到着するという結果があるのでなければならない。原因が先で結果がそれに続くという因果関係は決して入れ替えることはできない。つまり、因果関係が逆転するような、まず結果があり、それから原因が起こるような世界で、物理法則が成り立つはずはない。だから、光速の制限速度は、物理学が成り立つためには、絶対に欠かせない本質的な要求であるといえよう。

ニュートン力学の理論体系 vs.アインシュタイン相対論の理論体系

　ところで、ニュートン力学は絶対的な時間と空間の枠組みの中で、物体の運動を三つの法則で記述した理論体系である。ニュートンは、地上界でも天界でも運動の法則は変わらないという信念のもとで、運動の三法則を確定して完璧な力学体系をつくり上げた。そして、続く２世紀の間、ニュートン力学は古典物理学のリーダーとしての役割を演じ続けてきたのである。マクロの世界では、例えば天文学に、またミクロの世界

では、例えば気体分子の運動論に、というように宇宙を構成するマクロとミクロの世界に対して、ニュートン力学は文字どおりにユニバーサルに適用できるということが明らかにされたのである。

このように200年以上もの間、絶対的な権威として物理学界を支配してきたニュートン力学を超えるにあたり、アインシュタインがその根拠としたのは電磁気学であった。電磁気学は、電気と磁気をめぐる学問であり、その核心には電磁波すなわち「光」の存在がある。それゆえに、ここでまず「光」の本性について探究すべきであろうが、その前に、その由来である電磁気学について、それがいかに発展してきたのか、その経過をここで簡単に振り返ってみたいと思う。

アインシュタインがその理論根拠とした電磁気学の発展過程

さて、電磁気学では、まず電荷の間や磁荷の間に働く力の探究から「クーロンの法則」が、また導線の中での電荷の流れである電流による磁力の発生の研究からは「アンペールの法則」が、そして磁気の変化によって電流が生まれる電磁誘導の現象の研究から「ファラデーの電磁誘導の法則」が、というように静電気、磁気から電流、そして電磁誘導へと、いろいろな電磁気の現象が発見されて、その一つ一つの現象が法則化されてきたのである。

特に、電磁誘導はファラデーによって発見されたのであるが、彼はアンペール等が電流によって磁力が生じることを示したのにヒントを得て、それではその逆の現象である磁石の働きで電流を生じさせることはできるだろうかと考えた。それで、彼は実験を行い、苦心の末に電磁誘導の法則を発見したのである。ここでその実験の概略を見てみたいと思う。

ファラデーは、二つの回路AとBを並べておき（図2－6参照）、Aに電流を流して電磁石としての作用をさせ、その効果によってBに電流が生じる（流れる）かどうかを見た。すると、Aに一定の電流が流れるときには、Bには電流が生じないが、Aのスイッチを切ったり入れたりすると、つまり電磁石（A）の強さを変化させると、Bに電流が誘導されることを見いだした。つまり、ファラデーが発見したのは、「磁石の強さが変化して初めて電流が生じる」という現象である。これが、「ファ

ラデーの電磁誘導の法則」の本質である。

　電磁誘導の発見だけでも実に驚くべきことであるが、さらにもっと重要なのは、ファラデーのこの現象に対する解釈である。それはファラデーが、回路Ｂに電流が流れたということは、そこに電荷を動かす力が働いた結果であるが、この力は空間的に離れている回路Ａの電流の変化によって、どのように引き起こされたのだろうかと考え、その問いに対して答えた解釈の内容である。彼は、これは空間にエーテルという弾性的な性質を持っている媒質が詰まっていて、回路Ａの電流が変化すると、このエーテルに歪みが生じ、それが次々に隣へ隣へと伝播していって、回路

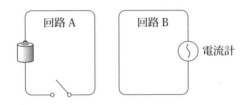

図２－６　ファラデーの電磁誘導実験

（風間洋一『宇宙の統一理論を求めて』岩波書店、87頁より）

Ｂの電荷を動かしたのであると考えたのである。

ファラデーの「場」という考え方

　ファラデーは、実は光は電磁気現象ではないかという考えを最初に発表した科学者である。彼の考えていたエーテルの歪みの分布は、「電磁場」と呼ばれるようになった。そして、電磁誘導に限らず、一般の電磁現象を「場」という立場から捉える考え方が、次第に広がっていった。ファラデーのこのような「場」の考え方こそが、後のマクスウェルの電磁気理論を支え、またその後の統一理論を確立する試みにおいても、最も重要な概念の一つとなったのである。

　マクスウェルの1860年代初頭の論文でも、ファラデーの考えに基づいたエーテルの運動という観点が具体的に展開されている。そして彼は、電磁場の振る舞いの本質を微分方程式として数学的に表現し、その微分

方程式より、光こそが電気と磁気の統一を象徴するもの、すなわち電場と磁場という見かけ上異なるものが一つの電磁波という実体として現れたものである、という深い理解が得られたのである。このように私たちは、電気と磁気の統一の象徴である「光」の正体の核心を捉える一歩手前まで来たが、ここでニュートンの時代以前に戻って、昔から光の正体を探ってきた歴史を振り返って見てみたいと思う。

光の正体に対する研究の歴史

　光の正体や性質については、ギリシャ時代の自然哲学者たちもかなりのことを知っていたが、それが本格的に研究されるようになったのは、17世紀になってからである。ところで、17世紀に入ってからの光の研究において、まず触れておかなければならないのは、デカルトの研究である。

　デカルトは、1637年に『屈折光学』を著して、光の本性、その屈折反射などを論じ、そこで光には波動性と粒子性という二つの側面があることを述べている。この二つの側面は、その後ニュートンやホイヘンスによってそれぞれに発展され、論争された。

　ニュートンは、光の粒子説を1672年の初め頃に発表し、1704年に出版された『光学』で、その考え方をまとめている。彼はプリズムで太陽の光を7色に分解し、それぞれの色の光は異なる粒子からできていて、赤い光の粒子は最も重く、紫色の方向へと向かう各色の粒子はだんだんと軽くなり、紫の光の粒子が最も軽いとした。そして、運動法則に従って、同じ力のもとでの曲げられ方が、紫のほうが大きいとした。さらに、この粒子説は、光の直進性に基づいた幾何光学の成功によっても支持されると考えた。

　これに対してホイヘンスは、デカルトの波動説を発展させて、1690年に『光についての論考』を著し、「ホイヘンスの原理」を駆使して光の屈折反射の法則を導き出した。そして、光線が互いに邪魔しないで横切っているのを見れば、粒子説は明らかに誤りであるとし、音に速度があるように、光にも速度があってなんらの不思議もないと述べた。

　ニュートンとホイヘンスの二人に代表される光の粒子説と波動説に関

II. 現代物理学を構築している二本の柱

する見解の相違に、明確な決着をつけたのは、1800 年頃に行われたヤングの実験である。ヤングは二つのスリットに光を当てて、後方のスクリーンに二つのスリットを通過してきた光の干渉縞が現れたことによって、光の波動説を疑いのないものにした。そして、その後にこの波動説はフレネル等により、精密な考察によって発展させられ、数学的にも整理されていった。

さて、光は電磁気現象ではないかと早くから考えていたファラデーは、エーテルという弾性体の歪みが振動しながら伝わっていくのが光ではないかという描像を持っていたのみならず、光が電磁気的な現象であるという傍証をも握っていた。その傍証は、彼が 1845 年に行った光の偏光の実験である。彼は偏光ガラスを使って、一度偏光した光を磁場の中に通すと、その偏光の方向が磁場によって回転させられることを発見した。これは少なくとも光が磁場と反応することを示しており、光自体が電磁場の振動である可能性を大いに示唆している。

それから約 10 年後、ヴェーバーによってファラデーとは関わりなく別に、光と電磁場の深い関係を示唆するもう一つの実験が行われた。ヴェーバーは、電荷を磁場の中に置いた電線を通じて流すことによって、その「速度」を正確に測ったのである。その結果得られた「速度」は、なんと秒速 30 万キロメートルという恐ろしく大きな値であった。ところが、1850 年頃にはフーコーやフィゾーによっても光の速度がかなり正確に測られたが、その値もやはり秒速 30 万キロメートルであり、ヴェーバーの得たのと同じ値であった。

この二つの無関係に見える実験の結果がぴったりと一致するというのは偶然のこととは思えないのである。こうした状況を背景にして、1860 年代に入って現れたのが、すべての電磁気現象を見事に統一し、しかも光がまさしくヴェーバーの測った値をその速度とする電磁波であることを導き出すマクスウェルの理論であったのである。

マクスウェルは、それまでに知られていたすべての電気と磁気の現象を、有名な「マクスウェルの方程式」と呼ばれる独創的な一セットの微分方程式によって完全に記述した、という驚嘆すべき偉大な業績を成し遂げた。彼の導いた方程式は、電荷や電流の分布と電場および磁場が互

73

いに互いを規定し合いながら変化する有様を非常に厳密に表現している。そして特に、電荷も電流もない真空においても、電場と磁場は片方の変化が他方の変化を誘導するというかたちで、光速度を持った横波として伝わっていくことが明確に導かれている。つまり、光こそが電気と磁気の統一を象徴するもの、すなわち電場と磁場という見かけ上異なるものが、一つの電磁波という実体として現れたもの、という重要な結果が得られたのである。

相対論のもたらした大変革

　さて私たちは、ここまで19世紀の終わりまでの光に対する探究の歴史を見てきたが、ここからは20世紀より始まった革命的な探究の有様について見ていくことにする。衆知のように、20世紀からの物理学を支える二本の柱は相対論と量子論である。量子論については、前節の「量子論と宇宙論」で論じてきたので、ここでは相対論について、そしてそのもたらした大きな変革について見ていくことにしよう。

　アインシュタインの相対論は、発表されてからずっと今に至っても、それに接した多くの人たちは、相対論は神秘的で理解しにくいという感想を述べている。それは、相対論が今までの常識を超越した革命的な理論であり、新しい観点で世界の深遠な本質を述べるものであったからである。

　相対論は、前にも述べたように、通常「特殊相対性理論」と「一般相対性理論」に分けられていて、前者は時間と空間、および物質とエネルギーの密接な関係を論じ、後者は曲がった時空に基づく厳密な重力理論を構築したものである。ところで、アインシュタインは「相対性原理」と「光速度不変の原理」という二つの仮定を立てて特殊相対性理論を導き出し、1905年に発表したのであるが、その頃、つまり19世紀末のヨーロッパの物理学界は、エーテルを巡って大きく揺らいでいた。その学問的な大混乱の中から、常識では思いもよらない革命的な理論である「特殊相対性理論」を導き出したアインシュタインのその偉大な足跡をここで追ってみたいと思う。

　1895年、16歳のアインシュタインはスイスのアーラウ州立学校に在

Ⅱ. 現代物理学を構築している二本の柱

学していたが、このとき彼はカントやスピノザの哲学書を夢中に読みふ
けり、思索に没頭して、こんな疑問にとりつかれていた。

「光を光の速度で追いかけたらどうなるだろうか？」

「光線の先端がまるで停止しているように見えるだろうか？」

「そのとき、後方の世界はどう見えるのか？」

などと問い続けた。この16歳の少年が抱いたこのような疑問こそが、
特殊相対性理論と関連する最初の単純な思考実験であったといえよう。

1900年7月、アインシュタインは21歳で大学を卒業したが、卒業後
は職もなく、臨時教員を務めながら就職先を探した。そのときに、スイ
ス連邦特許局の長官が、アインシュタインを3級技術専門職として採用
した。それで、彼は1902年から1909年まで最高に創造的な研究を行っ
たその数年間を、生活の不安から解放されたのだと自ら述べている。定
職もなく、私生活でも万事休したという感のあったアインシュタインだっ
たが、ようやく幸せがやってきて、雇用されたベルリンの特許局が、彼
の大いなる飛躍の舞台となったのである。

1905年、ついに革命の時が来た。26歳のアインシュタインは四編の
論文を、「アナーレン・デァ・フィジーク（物理学年報）」に発表した。
その論文のどれもが、物理学の本質に迫るすばらしいものであったこと
は驚嘆に値しよう。その第一は「光電効果」に関する論文であり、第二
は「ブラウン運動」に関する論文、そして第三・第四が「特殊相対性理
論」を世に問うた画期的な論文であった。具体的に言えば、第三の「運
動する物体の電気力学」は特殊相対性理論の骨格を与える論文であり、
第四の「物体の慣性は、その物体の含むエネルギーに依存するだろうか」
は、エネルギーと質量の関係を短く論じたものである。

さて、特殊相対性理論を論じるに先立って、もう一度19世紀末から
20世紀初めにかけて物理学界に多大な影響を及ぼしていた「静止エー
テル説」に関わる状況を見てみよう。静止エーテル説によれば、宇宙は
エーテルという観測不能な物質によって満たされている。エーテルは全
体として宇宙のなかで静止しており、そして光はこのエーテルの中を
毎秒30万キロメートルの速さで伝わっていく。この速さというのは、
エーテルの中に静止している観測者が見た速さである。しかし地球は

エーテルの中で運動しているので、地球上にいる観測者から見れば、光の速さは当然毎秒 30 万キロメートルからずれているはずである。これが、当時の物理学者たちに常識として広く受け入れられていた考え方であった。このような状況の中で、1887 年にマイケルソンとモーリーの実験が行われた。そして、その実験は光速の「ズレ」を見いだすことができなかった。

　この実験の解釈に正面から取り組み、大きな成果を上げたのはローレンツであった。彼は、光速の「ズレ」が観測されなかったのは、エーテルの影響によって物体の長さが収縮したからであると主張した。そして、その収縮する程度は、運動している物体の速度に依存し、速度が大きくなればなるほど、より短くなっていくと提唱した。これが 1892 年に発表された収縮説である。ローレンツはその後も考察を重ね、1904 年に「ローレンツ変換」と呼ばれる公式を発表した。これは、二つの慣性系における時間と空間の尺度がどのように変換されるのかを記述したものである。

ローレンツ変換の公式 vs. アインシュタイン相対論の公式

　ローレンツの変換の公式は、その数学的な面だけで見ると、アインシュタインが特殊相対性理論で導いた式と完全に一致する。しかし、この両者の理論の基礎となる物理的な考え方はまったく異なるものである。ローレンツはその理論において、エーテルの存在を前提としていたが、それに対してアインシュタインはエーテルの存在を否定し、電気力学的な立場から論じたのである。「光エーテル」などといった観念を物理学に持ち込む必要はないと、アインシュタインは明確にその理論の中で述べている。

　前に述べたように、アインシュタインは、その論文「運動する物体の電気力学」のなかで、「相対性原理」および「光速度不変の原理」という二つの原理を定義し、それより特殊相対性理論を導き出したのであるが、彼は第一の原理である相対性原理の包含する意味を、次のように説明している。すなわち、慣性系は宇宙空間には無限に存在するが、それらの慣性系はどれもまったく同等であり、したがって力学ばかりでなく、

Ⅱ．現代物理学を構築している二本の柱

電磁気学、光学など、物理学のあらゆる法則はすべての慣性系において同じ形式で記述しなければならないというのである。

　第二の「光速度不変の原理」については、普通の常識的な考えとはかけはなれたものであるといえよう。例えば、電灯を静止している電車に乗せたとき、その電灯の光の速さは秒速 30 万キロメートルと観測される。そこで、電車が動きだしたら、電車の外にいる観測者は光の速さは秒速30 万キロメートルに電車の秒速を加えたものになるはずである。だが、このような常識的な考え方に反して、光速度不変の原理は、電車が動いている場合でも光の速さは同じく秒速 30 万キロメートルであると主張する。つまり、光源の運動に関係なく、光速は常に一定であるというのである。

　さて、場所と場所の間隔が「距離」と言われるように、時刻と時刻の間の隔たりが「時間」と言われるが、ローレンツは動いている慣性系では、「時間」の進むテンポが遅れると指摘している。時間の遅れは、あらゆる慣性系で不変である量を利用すれば測定することができる。その不変な量として光を利用してつくられた時間測定装置が「光時計」と呼ばれるものである。その構造は、次のように簡単である。まず、箱の天井と床に鏡を張り、光をその間で往復させる。光が一往復するごとに、光カウンターの目盛が一つずつ増えていくが、この数値がすなわち測定開始から経過した時間となる。

　この光時計を電車に積んで速さ v で等速直線運動をさせよう。この場合、電車内の観測者にとっては、光時計は静止しているときと同じテンポで時を刻み続ける。しかし、地上に静止している観測者がこれを見ると、光時計の光は床面に向かって斜め下方に進み、そして反射後は斜め上向に進んで光カウンターに入る。つまり、車内の観測者にとっては、光は同じ場所で垂直方向に往復運動を繰り返しているように見えるが、地上の観測者にとっては、光はジグザグに上下しながら電車の進行方向に進んでいるように見えるのである。だから、進路が斜めになった分だけ、光の走る経路が長くなる。ところで、「光速度不変の原理」によれば、光の速度は電車内で測っても、地上で測っても変わらないはずである。それゆえに、光が一往復するのにかかる時間は、地上の観測者から見た

77

ほうが、より長くなるという結果が出てくる。

　アインシュタインは慎重な考察をした結果、次のような地上の時間 t
と地上から見た電車内の時間 t' の関係式：

$$t' = t \sqrt{1 - (\frac{v}{c})^2} \qquad （1）$$

を得た。この時間の変換の式は、ローレンツが導き出したのとまったく
同じであるが、前に述べたように、その理論の基礎となる物理的な考え
方において、この両者には重要な違いがある。ローレンツはあくまでも
エーテルを想定し、その影響によってテンポが変わると主張した。しか
し、アインシュタインの理論では、エーテルはどこにも現れてこない。
時間の遅れは、ただ「光速度不変の原理」のみを基礎にして導き出すこ
とができたのである。

　では、この時間の変換の（1）式から、どんなことがわかるだろうか。
まず、電車が止まっている場合（v＝0）、すなわち二つの慣性系の相対
速度がゼロの場合は、

$$t' = t \sqrt{1 - (\frac{0}{c})^2} = t$$

となり、二つの慣性系の時間は常に等しくなる。互いに静止しているの
だから、時間の流れ方も同じであるのは当然である。しかし電車の速度
v が増加する場合には、v の値をいろいろと変えて t と t' の値を計算し
て比較してみればわかることであるが、電車内で時間の進み方が遅くな
るのである。電車内の乗客は、この時間の遅れを感知することはできな
いので、静止しているときとまったく同じテンポで時間が流れているよ
うに感じるが、しかし地上に静止している観測者から見ると、電車内の
時計がゆっくりと進んでいるように見えるというだけである。

　では次に、運動している物体の長さの変化について見てみよう。物体
の長さを正しく知るためには「同時刻における物体の前端と後端」の位
置を測定する必要がある。しかし、「同時刻」の観念は慣性系によって
変わるとすれば、測定される物体の長さも慣性系ごとに異なってくるに
違いない。実際、地球上の観測者が測る物体の長さ ℓ と、地球に対して

Ⅱ. 現代物理学を構築している二本の柱

等速直線運動をしている観測者が測る同一物体の長さを ℓ' とすれば、ℓ と ℓ' との間には次のような関係がある。

$$\ell' = \ell\sqrt{1 - (\tfrac{v}{c})^2} \qquad (2)$$

この式を見れば、明らかに ℓ' は ℓ よりも短いことがはっきりしている。つまり、動いている物体の長さを測定すると、その長さは運動方向に縮むのである。この縮みはローレンツ収縮と呼ばれている。ここで一つ注意すべきことは、長さが収縮する割合は、時間の遅れの割合に等しいことである。このように特殊相対性理論によれば、そもそも絶対的な長さ（絶対的な空間）などは存在しないのである。長さも時間も、それをどのような慣性系から観測するかによって変わってくるのである。

さらに、時間や長さの変換式（1）と（2）より、もう一つ重要なことがわかる。この二つの式に（v=c）を代入すると、t'=0 および ℓ'=0 となる。つまり、vがcに等しくなると、時間は停止し、物体の長さは収縮してゼロになってしまう。そしてvがcを超えると、（1）式も（2）式も根号の中がマイナスになって、t'や ℓ' は虚数になってしまう。時間や長さが虚数になることはあり得ないから、速度vは光速cを超えてはならないという結果が得られる。つまり、相対性理論によれば、いかなる物体も光速よりも速く運動することはできないということである。これは、物体の速さの限界がcであることを示している。

以上の論述の結果を要約すれば、特殊相対性理論は、同時刻は相対的であり、したがって時間や長さは絶対的ではない、ということを主張している。宇宙には無数の慣性系が存在し、これらの慣性系では、それぞれ固有の時間が流れ、固有の尺度を持つ空間がある。そして、（1）式と（2）式は、これらの異なる慣性系における「時間」と「空間（長さ）」の数量的な関係を与える等式で、特殊相対性理論の根本原理に関わるものであり、いかなる物体も光速より速く運動することはできないことを示している。このことは、すでに述べたように、物理学の本質的な要求なのである。

質量とエネルギーの等価性

さて、古典力学（ニュートン力学）には、質量不変を前提として、「エネルギーの保存則」と「運動量の保存則」という、運動を考える上で不可欠の二つの黄金則があるが、相対性理論でもこれら二つの保存則を要請する。しかし、エネルギーと運動量は質量に関係しており、その質量は慣性系によって変わるので、相対論ではこれらの保存則の内容を変更することが要求される。

特殊相対性理論によれば、運動する物体の運動質量 m は、

$$m = \frac{m_0}{\sqrt{1-\left(\frac{v}{c}\right)^2}} \qquad （3）$$

となる。これより、運動速度 v がゼロのときには、運動質量 m と静止質量 m_0 は等しくなることがわかる。しかし、v が大きくなるにつれて、m は増加していく。つまり、物体は静止しているときと運動しているときとでは、質量が違い、速度 v が大きくなるにつれて、運動質量 m が大きくなる。そして、v が c に接近するにつれて、（3）式より質量 m は無限大に近づき、したがって加速度 a（a=F/m）は急速にゼロになり、いくら力を加えても、もはや速度 v は大きく増えることがない。そして、この時に注ぎこまれたエネルギーは、ほとんど質量の増加に費やされる。

ところで、特殊相対性理論の質量の式（3）を変形すると、次のような式が得られる。

$$mc^2 = m_0c^2 + \frac{m_0v^2}{2} \qquad （4）$$

この式で、右辺の第2項（$m_0v^2/2$）は古典力学における運動エネルギーに対応する。この式全体を E、右辺の第2項を T と表記すると、

$$E = mc^2 = T + m_0c^2 \qquad （5）$$

と書ける。この（E=mc²）こそが、相対論的なエネルギーを表すものであり、特殊相対性理論から導かれる帰結のうちで、最も衝撃的なものであり、これは「質量とエネルギーは等価」であるということを示している。

このように、相対論的なエネルギーE は運動質量 m に比例し、且つ、その中に運動エネルギーT を取り込んでいる。古典力学では、「エネルギー

80

保存則」と「質量の保存則」は互いに独立した二つの法則であったが、相対論ではこの両者を一つの法則「エネルギーと質量の比例法則」に統合していることになる。ここで特筆すべきことは、Eには運動エネルギーT以外に（m_0c^2）という量があるということである。これはT=0のときにも、すなわち静止している物体にもエネルギーがあることを意味している。しかもその大きさは、c^2を掛けているので、きわめて大きい。つまり、わずかな静止質量が膨大なエネルギーを持っていることを示唆している。通常、E=m_0c^2は静止エネルギーと呼ばれている。そして、上述のように、（5）式（E=mc^2）という等式は、「質量とエネルギーの等価性」を表している。

特殊相対性理論から一般相対性理論へのステップアップ

　以上で、特殊相対性理論においてアインシュタインが提唱した若干の重要な結論を検討したが、これらは以前の物理学では想像もつかない奇妙な結論ばかりであり、さらにこれらによって光速が制限速度であることが、実に巧みに守られている。では、ここで特殊相対性理論についての検討を終えることにして、次にアインシュタインが重力に関わる現象を相対論の枠組みで記述するために一段階ステップアップして構築した一般相対性理論について見てみたいと思う。

　特殊相対性理論は、互いに等速直線運動をする慣性系の間でしか成り立たないので、「等速円運動」や「重力による落下運動」といった「加速度運動」をしている非慣性系には適用できないのである。さて、すべての慣性系で同じ物理法則が成り立つことは、前にも述べたように、特殊相対性理論によって確認されたが、非慣性系ではどうなるのだろうか。それは、特殊相対性理論には許されていないことなので、ここで相対論の適用範囲を非慣性系にも適用できるように拡張する必要があることになる。それで、アインシュタインは一般相対性理論の構築を目指したのである。

アインシュタインの等価原理の本質

　アインシュタインは、互いに加速度運動をする二つの座標系で、別々

に行われた測定の間にはどんな関係があるか、そしてそこから何が導き出されるのかを調べた。例えば、エレベーターのような閉じた箱の中にいて、絶対に外を見ることができないとき、地球の表面で小さな箱の中に閉じ込められているのか、あるいは宇宙のかなたで地球で感じるのと同じ重力で床に押し付けられているように加速している小さな箱の中にいるのか、といった二つの状況を判別するのは不可能である。つまり、「座標系が加速しているのか、重力が働いているのかを区別することはできない」のである。これは、等価原理と呼ばれている。等価原理によれば、一般相対性理論は、互いに加速している座標系同士を関係づけるだけでなく、重力の理論でもあることになる。そして重力は加速のように感じられる。これが、アインシュタインの等価原理の本質である。

さて、一例として、上向きに加速運動をしている宇宙船の中にある箱の中で、Aという人が箱の壁に向かって短い光パルスを発射したとしよう。Aは光パルスが直線に沿って壁に向かって進んでいるように見えるだろう。しかし、箱の外にいるBという人には、宇宙船は上向きに加速運動をしているので、光パルスは箱の床のほうへと徐々に落ちているように見えるはずである。つまり、Bにとっては光パルスは曲線に沿って動いているように見えるのである。

ところで、アインシュタインの等価原理によれば、座標系が加速しているのか、重力が働いているのかを区別することができないので、これは重力が働いているせいで、光が曲線に沿って進んでいるのだと考えてもいいことになる。一方、光は二点間の最短距離を進むという性質がある。この二つのことから、アインシュタインは重力は空間を曲げるのであるという結論に達したのである。つまり、空間そのものが曲がっているので、最短距離の経路は曲線となり、光はその曲線に沿って進むというのである。

アインシュタインは特殊相対性理論で、空間と時間は相対的であり、絶対的ではないと、つまり空間と時間は別々に独立したものではなく、一つのものとして密接に結びつき、時空をなしていると認識した。そして、一般相対性理論で時空を、湾曲することもある枠組みであると考え、この時空の湾曲が重力として感じられるという考え方に基づいて理論を

Ⅱ．現代物理学を構築している二本の柱

構築したのである。これは逆に言えば、重力が存在するならば、それは時空が湾曲していることを意味するというのである。

　ところで、一般相対性理論を支持するような実験や観測がいくつか行われている。その一つに、1919年にエディントンとダイソンが率いる観測隊が、太陽の近くで実際に光が曲がることを確認している。そして、その観測された光の湾曲は一般相対性理論で予測される値と見事に一致していたのである。

　一般相対性理論はまた、強い重力が働いているところでは、時間がゆっくり進むと予測している。このことについては、非常に正確な時計をロケットで空高く運び、地上よりも重力がはるかに弱いその上空に運ばれた時計と比べて、地球の表面にある時計のほうが、よりゆっくりと進むことによって確かめられている。

　宇宙のはるか遠方にある物体から来た光は、前述のエディントンとダイソンの観測例のように、光の経路の途中に存在するものすごく重い物体によって曲げられることがあり、この現象は重力レンズ効果と呼ばれている。天文学者たちは、このような効果で歪められた物体の像をもとに、宇宙内で質量がどのように分布しているかを調べることができる。ところで、一般相対性理論で予測された一番奇妙なものに、ブラックホールがある。ブラックホールは、とてつもなく強い重力を持った物体であり、ブラックホールの近くでは空間が大きく曲がっているので、光さえもブラックホールから逃れ出ることはできない。ブラックホールは、質量が非常に大きな恒星の生涯の最終段階で形成される。また巨大な銀河の中心にも存在すると考えられている。

　これまでのところ、一般相対性理論に矛盾するような科学的観測は行われていない。科学的に言って、アインシュタインの理論は大勝利をしたものといえよう。最後に、ここで相対論のいくつかの重要なポイントを要約して終わりにしたいと思う。

相対論の重要なポイント①：質量とエネルギーの等価性（$E=mc^2$）

　まず、相対論はその一つの理論的基礎として光速度不変性を要求しているが、これによりすべての物体の速度は光速度を超えることができな

83

いという結論が得られる。そして、すでに高いエネルギーを持って光速に近い速度で運動している粒子に大きな力を加えても、ほとんど加速されないことになる。また、加速しようとする力に対して抵抗する性質を量的に表したものが（慣性）質量であるから、これは大きなエネルギーを持っている物体は、大きな質量を持っていることを示している。このことを逆に考えれば、質量さえ持っていれば、静止している物体であっても、その分、エネルギーを持っていると見なすことができる。すなわち、今まで質量を持つ「物質」と、光や熱に代表される「エネルギー」は、まったく別物と思われていたが、上述の道理によれば、この両者は実は等価であるということを意味している。そしてアインシュタインは、これら質量とエネルギーの間の換算が、「E=mc^2」という式で表されることを見いだした。この式は、その中に含まれている c^2 という値のとてつもない大きさのゆえに、わずかな質量でも莫大なエネルギーと等価であるということを意味している。これは、エネルギーをもとにして生活している私たち人間にとっては、非常に重要なことである。

相対論の重要なポイント②：「本物の重力」と「見かけの重力」の区別が可能

またアインシュタインは、すべての物が同じように、つまり同じ加速度で落下することより、これは重力質量と慣性質量がすべての物に対して等しいことを表しているとした。そして、例えばロープが切れて自由落下を始めたエレベーターの中にいる人は突然重力がなくなったように錯覚することにより、この人は重力という思いもよらなかったものとの関わりを生じ、そして見かけ上重力を消すことができると認識するのである。

そして、このエレベーターの例で認識できる、さらに重要なポイントとして、重力は「見かけの力」ではないという認識である。エレベーターの中の観測者にとっては、二つの物体を互いに引き寄せる力がまだ働いていることを認めることができる。つまり、重力を完全に消してしまえるのは、非常に限られた領域でのことで、もっと広く見渡せば、「本物の重力」は観測者が加速運動をしていることにより生じる「見かけの重

力」と区別することができるのである。

相対論の重要なポイント③：重力の本質

　上述の二つの認識を要約すると、一般の運動をする観測者を同等に取り扱おうとする「一般相対性理論」を目指すとなると、必然的に重力との関わり合いを考慮に入れなければならなくなるのである。そして、非常に限られた領域では「重力の働き方や性質」は、観測者の運動によって現れたり消えたりする「見かけ上の力」とまったく等しいが、しかし「重力の本質」は観測者の運動によらない、「何か不変なもの」と思われる。けれども、その「何か不変なもの」の正体はまだよくわからないが、アインシュタインは、「物質＝エネルギー」をその内容として決まる幾何学によって、それを捉える理論を打ち立てたのである。

相対論の重要なポイント④：重力による時空の歪み

　重力の特質は質量を持ったすべての物に作用して、その軌跡を曲げてしまうことである。質量とエネルギーは等価であることから、エネルギーの一形態である光とて例外ではないはずである。アインシュタインは、この現象について次のように考えたのである。このようにあらゆる物が曲げられてしまうということは、実は「曲げられた」のではなくて時空自体が歪んでいるために「曲がってしまった」のではないかと。

　例えば、光のようにまっすぐ最短距離を行くつもりだったのが時空の歪みのために進路が曲がってしまったというように、そしてその時空の歪みを生み出している源は質量すなわちエネルギーであるから、時空の曲がり具合とエネルギーの分布の間に関係があるのではないかと考えて、その理論を構築したのである。

　アインシュタインの偉大な重力方程式は、その本質において、

　　時空の各点での曲率＝そこでの物質のエネルギー密度

と表される。この方程式こそが、物質＝エネルギーの存在によって時空が曲げられる有様を具体的に表すものである。そして、宇宙を構成している最も基本的な要素である時間、空間、物質、エネルギーが、密接に、

不可分的に絡み合っているこの数式は、「統一」の様式を表す一つの範例にもなっているといえよう。

相対論の重要なポイント⑤：重力波の発生

終わりに、アインシュタインの重力理論において提唱されている、もう一つの重要な概念を挙げたい。それは重力波の概念である。物体の動きによって空間の歪み方が変わると、それが波のように広がっていくが、この空間の歪みの変化を光速で伝えていくのが重力波である。

質量のある物体があれば重力場が生じ、そしてその物体が動けば重力波が出るのであるから、これは私たちの生活の中でいつでも起きていることであって、決して特殊な現象ではない。しかし、物体が動いていれば必ず重力波が出るというのではない。物体が「等速運動」をしている場合は、どんなに速く動いても重力波は出ないのである。物体が「加速度運動」をするときに初めて重力波が出るのである。例えば座っている椅子から立ち上がったときに重力波が出るが、しかし私たちがそれを感じないのは、重力波がきわめて微弱であるからである。

相対論の重要なポイント⑥：重力波は何でもすり抜ける

そもそも重力は力としては強くないものである。私たちが手に持っている物を放せばすぐに地上に落ちることから、重力は大きいと思われているかもしれないが、実際には、例えば電磁気力の強さを1とすれば、重力の強さはわずかその10^{-36}倍しかない。とはいえ、地球ほど質量の大きな重い物体なら重力もそれなりに強くなり、それが物体を引っ張って落下させるのを私たちは確認できるが、しかし小さな物体同士の間、例えば二つのリンゴの間に働く重力は、日常レベルでは観測できない。つまり無視できるほど小さい。ともあれ、物体が加速運動をすると重力波が生じることを前に述べたが、その動く物体の質量が大きいほど、またその動きが速いほど、重力波は強くなるのである。

重力と重力波の関係は、電磁気力と電磁波の関係とほぼ同じようなものである。電磁波はプラスやマイナスの電荷を持つ物体（帯電体）が動いたときに発生する。つまり、帯電体が動くと、その周りにある電場に

変化が生じ、それが徐々に遠くへ光速で伝わっていくし、それは真空の中で伝わるのである。これらの性質は重力波と同じである。しかし重力波には電磁波と異なる性質がいくつかあり、その中でも特に重要なのは、重力波が「何でもすり抜ける」という点である。それによって、光が通り抜けることのできない「晴れ上がり」以前の初期宇宙の様子を、重力波によれば、まっすぐにすり抜けていってみることができるからである。

相対論の重要なポイント⑦：原始重力波検出の重要性

　ところで、「インフレーション理論」では、誕生直後の宇宙に起きた「量子ゆらぎ」によって発生した重力波が、インフレーションによって急激に引き伸ばされて、宇宙全体に広がっていると考えている。そして、それが現在では長い波長の重力波として観測されるはずであるという。このインフレーション由来の重力波は「背景重力波」または「原始重力波」と呼ばれている。この重力波を検出することに成功すれば、まずインフレーションが初期宇宙で本当に起きたことが証明される。これは宇宙の成り立ちを解明する上できわめて大きな前進である。また、インフレーション由来の重力波にも、宇宙マイクロ波放射と同じように、初期宇宙に関する情報がいろいろと書き込まれているに違いない。特に、インフレーションの時期や規模などの情報を得ることは、とても重要である。

　ともあれ、重力波は執拗な努力の末に、ついに 2016 年 2 月 11 日に、米国の研究グループによって、世界で初めて「重力波」の直接検出に成功したと発表された。この成功を祝して、これで本節を終えることにしたいと思う。

Ⅲ.　統一思想概要

1．統一思想とは

統一思想は神主義

　統一思想は文鮮明先生の思想であり、統一運動の理念であり、神主義または頭翼思想とも呼ばれる。神主義とは、神の真理と愛を核心とする思想という意味であり、頭翼思想とは、右翼でもなく左翼でもなく、より高い次元において両者を包容する思想という意味である。

　具体的に言えば、神の愛を中心とした新しい価値観による愛の精神をもって、左の思想である共産主義からは、憎悪心、闘争心や物質主義を取り除き、右の思想である自由主義からは、利己主義、自己中心主義を取り除いて、対立する両者を和解せしめ、共同して、神と人類の宿願である理想世界の実現に向かって進むように導いていくための思想が、神主義であり、頭翼思想であり、統一思想である。

　統一思想はまた、人類の親であり、すべての宗教を設立された最高の中心である神の真なる愛によって、対立する諸民族や諸宗教を和解せしめて、人類一家族の理念を実施すると同時に、人類のあらゆる難問題を根本的に解決することによって、永遠なる神の愛の理想世界を実現しようとする神の思想である。

統一思想の理論体系：創造の心情動機説と相似の創造説

　ところで、従来のキリスト教やイスラム教においては、神の属性を全知・全能・遍在性・至善・至美・正義・愛・創造主・審判主などとさまざまに表現してきた。このような性稟は神の属性には違いないが、統一思想の立場から見れば、それよりも重要なのは神の属性の最も核心となる「心情」である、という立場を取ることである。心情とは「愛を通じて喜ぼうとする情的衝動」である。そして、心情が動機となって、神は

愛の対象として人間と万物を創造されたのである。これが「心情を動機とした創造」、すなわち「心情動機説」である。

統一思想においてはまた、創造目的を中心として「相似の法則」に従って宇宙万物を創造されたと見る立場、すなわち万物は神の姿に似て創造された被造物であると見る立場を取る。

以上を要約すれば、目的（目標）的な立場から見るとき、統一思想とは、永遠なる神の愛の理想世界を実現しようとする神の理想の根源たる理論体系である。また、内容（実質）的な立場から見るとき、統一思想とは、創造の心情動機説と相似の創造説に立脚した理論体系である。

ところで、それらの文先生の思想を再整理して、その内容をまとめて『統一思想要綱』として、1973年にその第一版が統一思想研究院によって出版された。しかしここで明らかにしておきたいことは、この本の中に整理された体系化それ自体が統一思想ではなく、文先生の思想自体が統一思想であり、体系化は先生の思想の一つの記述形式にすぎないということである。

『統一思想要綱』の構成

『統一思想要綱』は、全部で十一の章によって構成されており、その「まえがき」の中で、統一思想はあらゆる思想分野を扱っているが、その思想の展開の順序は、神の創造の順序に従って配列したとして、その内容を次のように紹介している。

統一思想は神を出発点としているので、宇宙を創造された神に関する理論として、最初に「原相論」を扱い、次に神の創造において人間よりも万物が先に創造されたので、万物に関する理論として「存在論」を扱った。万物の次に人間が創造された。したがって第三の部門は、本然の人間に関する理論である「本性論」になる。

神はアダムを創造なさり、獣と鳥をアダムのところに連れてこられた。アダムはこれらを見て名をつけたが、これは人間がそのとき万物に関心を持って見ながら、認識し、思考したことを意味する。したがって、第四と第五に扱う部門は、認識の理論である「認識論」と思考の理論である「論理学」である。

アダムとエバは三大祝福を完成することになっていたが、それは創造理想の世界を実現するために人格を完成することを意味していた。創造理想の世界は、人格を完成した人たちによる神の愛を中心とした価値観の世界である。したがって第六の部門は「価値論」となる。アダムとエバが責任分担を果たして完成すれば、成長期間における彼らの体験を子女たちに教えることによって、子女たちは彼らより軽い責任分担で成長して、第一祝福を完成できるようになっていた。したがって第七の部門は「教育論」となる。ところで第一祝福は、第二祝福、第三祝福とともに、三大祝福をなしているので、教育論は第二祝福と第三祝福の教育的側面をも扱っている。

　人間は成長すれば結婚して創造本然の家庭を築くようになるので、八番目には家庭の規範の学としての「倫理学」を扱う。次は万物主管である。人間は万物を愛で主管し、万物は人間に美を返すようになっている。したがって九番目には「芸術論」を扱う。ところで、主管とは万物主管だけではなく、すべての実践を意味するので、経済・政治・社会・文化などが主管の概念に含まれる。統一思想では、まだ政治・経済などは扱っていないが、それらの時代的変遷の側面である歴史を扱っている。したがって十番目は「歴史論」となる。

　以上、すべての分野に一貫して作用している不変の法則があるが、この法則の理論が十一番目の「方法論」である。方法論はその性格上、原相論の次に入れるべきであったが、既存思想の方法論と比較する必要があるために最後にした。以上が統一思想の十一部門の配列の本来の順序である。

　ところで、本書『宇宙論と統一思想』の目標は、統一思想の観点より宇宙論を論じることにあるので、『統一思想要綱』の十一部門の全部を参照する必要がなく、ただ主に「原相論」、「存在論」、「本性論」、「方法論」の中の本書と関係があると思われる部分のみを引用することにする。それで、それらの引用した部分について、次に要約したいと思う。それは大きく分けて次の二つの部門にまとめられると思う。その一つは宇宙万物の存在・発展をもたらす「授受作用」とその授受作用の根源たる「二性性相」（特に性相と形状）であり、もう一つは神の創造の動機および法

Ⅲ．統一思想概要

則である「心情動機説」と「相似の創造説」についてである。

2．二性性相と授受作用

神の二性性相①：性相と形状

　神の属性に関する理論が「原相論」であるが、「原相」とは原因的存在である神の属性という意味である。神の属性には、形の側面である「神相」と、性質・性稟・能力などの機能的な側面である「神性」がある。統一思想で扱う「神相」とは、二種類の二性性相（性相と形状、陽性と陰性）と個別相をいい、「神性」とは心情・ロゴス・創造性をいう。

　ところで、神がその属性として持っている性相と形状の二性性相は、被造物の性相と形状と区別するために、本性相と本形状ともいう。神と万物の関係は創造主と被造物の関係であるが、この関係を原因と結果の関係とも見ることができる。したがって、本性相は被造物の無形的・機能的な側面の根本原因であり、本形状は被造物の有形的・質料的な側面の根本原因である。

　これを具体的に言えば、神と人間は相似の創造によって互いに似ているために、神の性相（本性相）は人間の心に相当する。つまり、本性相は神の心であり、それがすべての被造物の無形的・機能的な側面の根本原因となっている。すなわち、人間の心、動物の本能、植物の生命、鉱物の物理化学的作用性の根本原因である。言い換えれば、神の性相が次元を異にしながら、時間・空間に展開したのが、鉱物の物理化学的作用性、植物の生命、動物の本能、人間の心なのである。これは創造が相似の創造であるからである。

　ところで、神の性相（本性相）はさらに内的性相と内的形状という二つの部分からなっている。内的性相は性相の機能的部分すなわち主体的部分をいい、内的形状は対象的部分をいう。詳細的には、内的性相すなわち機能の部分とは知・情・意の機能をいう。知的機能は認識の能力であり、感性・悟性・理性の機能をいう。情的機能は情感性すなわち喜怒哀楽などの感情を感ずる能力をいう。意的機能は意欲性すなわち欲求や決心、決断する能力をいう。そして知的機能において、感性とは五官に

91

映るままに知る能力、直感的に認識する能力を意味し、悟性とは論理的に原因や理由を問いながら知る能力であり、理性とは普遍的な真理を求める能力または概念化の能力を言う。

一方、内的形状は本性相内の対象の部分をいうが、それはいくつかの形の要素から成り立っている。そのうちで重要なものに観念・概念・原則・数理がある。観念は性相の中にある被造物の一つ一つの具体的な表象、すなわち映像をいう。概念は抽象的な映像、すなわち一群の観念に共通に含まれた要素を映像したものをいう。例えば、猿、犬などは観念であり、猿や犬はみな動物であるというのが概念である。

また、原則は被造世界の自然法則および規範（価値法則）の根本原因となる法則であって、数多くの自然法則と規範は、この原則がそれぞれの自然現象と人間生活を通じて現れる表現形態なのである。そして、数理は数的原理という意味であって、自然界の数的現象の究極的原因をいう。すなわち内的形状の中にある数的現象の根源となる無数の数・数値・計算法などが現象として含まれているのである。それが数理である。

次に神の形状であるが、神の形状（本形状）は人間に例えれば体に相当するものであり、それはすべての被造物の有形的な側面の根本原因である。すなわち人間の体、動物の体、植物の細胞・組織、鉱物の原子・分子などの究極的な原因である。言い換えれば、神の形状が次元を異にしながら、時間・空間の世界に展開されたのが、鉱物の原子・分子であり、植物の細胞・組織であり、動物の体であり、人間の体なのである。これもまた相似の創造によるものである。

このように、被造物の有形的要素の根本原因が神の形状（本形状）であるが、この被造物の有形的要素の根本原因には二つの側面がある。一つは素材（質料）的要素であり、もう一つは無限の形態を取ることのできる可能性（無限応形性）である。無限応形性とは、例えば水の場合、水自体は一定の形態がないが、しかし水を入れる容器によっていろいろな形態を現すように、それ自体は一定の形態がない要素が、いかなる形態の映像にも応じることのできる応形性をいい、神はこのような「無限応形性」を持っているのである。

また、被造物の有形的側面の根本原因である素材的要素とは、要する

に科学の対象である物質の根本原因であるが、今日の科学は、物質の根本原因は素粒子の前段階としてのエネルギー（物理的エネルギー）であり、そのエネルギーは粒子性と波動性を帯びていると見ている。しかし科学は結果の世界、現象の世界だけを研究の対象としているために、それは究極的な第一原因ではありえない。本原相論では、その究極的な原因はまさに本形状であると見るのである。したがって、本形状とは、科学的に表現すれば、エネルギーの前段階であって、それは「前段階エネルギー」（Prior-stage Energy）、または簡単に「前エネルギー」（Pre-Energy）ということができるであろう。

さてここで、本来の性相と形状の問題に立ち戻って、統一思想の「性相と形状の二性性相論」は、一般哲学上の本体論から見るとき、それは一元論なのか二元論なのか、唯物論なのか唯心論なのかを、次に検討してみたいと思う。ここでいう一元論とは、宇宙の始元が物質であると主張する一元論的唯物論か、宇宙の始元が精神であると主張する一元論的唯心論をいう。

統一思想の「性相と形状の二性性相論」が一元論なのか二元論なのかという問題を理解するためには、神の性相と形状、つまり本性相と本形状は異質的な二つの要素か、あるいは同質的な要素の二つの表現態なのかを調べてみればよい。結論的に言って、本性相と本形状は同質的な要素の二つの表現態なのである。これはあたかも水蒸気と氷が水の二つの表現態であるのと同じである。つまり、神の性相と形状は、神の絶対的属性、すなわち同質的要素の二つの表現態なのである。

絶対的属性とは、エネルギー的な心、あるいは心的なエネルギーのことである。そして、エネルギーと心は別のものではなくて、本来は一つになっている。この絶対的属性が創造において分かれたのが、神の心としての性相と神の体としての形状なのである。このように、性相と形状は異質的なものではなく、両者はいずれも共通に心的要素とエネルギー的要素を持っている。それが被造世界において性相と形状は精神と物質として、互いに異質的なものとして現れるが、そこにも共通の要素がある。つまり、心にもエネルギーがあるが、一方、エネルギー自体にも心的要素（性相的要素）が宿っているのである。

このように、性相の中にも形状的要素があり、形状の中にも性相的要素がある。したがって、原相において性相と形状は一つに統一されているのである。つまり、本質的に同一な絶対的属性から性相と形状の差異が生じ、創造を通じてその属性が被造世界に現れるとき、異質な二つの要素となるのである。だから、被造物を見れば、心と体、本能と肉身、生命と細胞・組織などの両面性がある。そして相似の創造説によれば、このような被造物を通じて神の性質を知ることができるので、これより絶対的原因者である神の属性にも両面性があると帰納的に見ることができよう。これが「神の二性性相」である。しかし、すでに見てきたように、神において二性性相は、実は一つに統一されているのである。このような観点を本体論から見るとき「統一論」となる。そして神の絶対属性それ自体を表現するとき「唯一論」となるのである。

神の二性性相②：陽性と陰性

神にはもう一種の二性性相である陽性と陰性という属性があるが、これは性相と形状の二性性相とは次元が違う。性相と形状は神の直接的な属性であるが、陽性と陰性は神の間接的な属性であり、直接的には性相と形状の属性である。すなわち、陽性と陰性は、性相の属性であると同時に形状の属性でもある。言い換えれば、神の性相も陽性と陰性を属性として持っており、神の形状も陽性と陰性を属性としてもっているのである。陽性と陰性の二性性相は、性相と形状の二性性相と同様に中和をなしている。この中和の概念も、性相と形状の中和と同様に、調和・統一を意味し、創造が構想される以前には一なる状態にあったのである。そして、この一なる状態が創造において、陽的属性と陰的属性に分化したと見るのである。

原相において、陽性と陰性をそれぞれ本陽性と本陰性ともいう。「本性相と本形状」および「本陽性と本陰性」に似ているのが、人間の「性相と形状」および「陽性と陰性」である。被造世界では、性相と形状は共に実体の性格を持っており、陽性と陰性は実体としての性相と形状（またはその合性体である個体）の属性となっている。

ところで、原相における性相と形状および陽性と陰性の関係について

Ⅲ. 統一思想概要

であるが、神は心情を中心とした原因的存在であって、創造前の神の性相と形状の属性である陽性と陰性は、ただ調和的な変化を起こす可能性としてのみ存在しているだけである。そして創造が始まれば、その可能性としての陽性と陰性が表面化されて、性相の知情意の機能に調和のある変化を起こし、形状にも調和的な変化をもたらすのである。

では、人間において、陽性・陰性と男子・女子の間はどんな関係になっているのであろうか。東洋では古来から、男子を陽、女子を陰というようによく表現していた。しかし統一思想では、男子を「陽性実体」、女子を「陰性実体」という。それは、男子は陽性を帯びた「性相と形状の統一体」であり、女子は陰性を帯びた「性相と形状の統一体」であるからである。しかし男女間では、性相においても形状においても、その陽性と陰性の特性は異なっているのである。

まず性相において、陽性と陰性の男女間での差異は「質的差異」である。例えば性相の知において、男女は共に明晰さ（陽）を持っているが、その明晰さの質が男女間では異なるのである。男子の明晰さは包括的な場合が多く、女子の明晰さは縮小指向的な場合が多い。また性相の情の悲しみ（陰）において、男子の悲しみは悲痛に変わりやすく、女子の悲しみは悲哀に変わりやすい。そして性相の意における積極性（陽）の場合、男子の積極性は相手に硬い感触を与えやすいが、女子の積極性は相手に軟らかい感触を与えやすい。男女間のこのような差異が質的差異である。

次に形状すなわち体においては、男女は共に陽性である隆起部、突出部や、陰性である陥没部、孔穴部を持っているが、男女間ではそれらに差異があるのである。男子は突出部（陽性）がより一つ多く、女子は孔穴部（陰性）がより一つ多くある。したがって、形状における陽性と陰性の男女間での差異は、「質的差異」ではなくて、「量的差異」である。すなわち、男子は陽性が量的に多く、女子は陰性が量的により多いのである。統一思想では、男子の陽性と陰性をまとめて「男性的」、女子の陽性と陰性をまとめて「女性的」であると表現する。したがってここに、「男性的な陽陰」と「女性的な陽陰」という概念が成立するのである。

ところで、男女間の陽陰の差異が量的であれ質的であれ、その差異の関係は主体と対象の関係である。主体と対象の関係は、積極性と消極性、

95

能動性と受動性、外向性と内向性の関係である。そして性相（知情意）の陽陰の男女間の質的差異において、男性の陽と女性の陽の関係、および男性の陰と女性の陰の関係は、すべて主体と対象の関係になっているのである。

すなわち、知的機能の陽において、男性の明晰の包括性と女性の明晰の縮小指向性が主体と対象の関係であり、情的機能の陰において、男性の悲痛と女性の悲哀の関係も主体と対象の関係である。また意的機能の陽において、男性の積極性の硬性と女性の積極性の軟性の関係も主体と対象の関係なのである。これは男女間の質的差異は量的差異の場合と同様に主体と対象の関係なのであって、男性と女性の関係が陽と陰の関係であることを意味するのである。以上が統一思想で男を陽性実体、女を陰性実体と呼ぶ理由である。

以上、二種類の二性性相である性相・形状と陽性・陰性について説明してきたが、これで陽性・陰性が性相・形状の属性であることが明らかにされたと思う。陽性・陰性が性相・形状の属性であるということは、性相・形状と陽性・陰性の関係が実体と属性との関係にあることを意味する。実体と属性において、先次的に重要なのは実体である。属性の拠り所が実体であるからである。つまり、実体がなくては属性は無意味なのである。

ところで人間において、性相・形状の問題とは、現実的に性相・形状の統一をいう。それは心と体の統一、生心と肉心の統一、すなわち「人格の完成」を意味する。そして、陽性・陰性の問題は、現実的には「男子と女子の結合」を意味する。ここで「人格の完成」と「男女間の結合」の関係が問題となるが、「陽性・陰性が性相・形状の属性」であるという命題に従うならば、男女は結婚する前にまず人格を完成しなければならないという論理が成立する。

それゆえに、統一原理の三大祝福（個性完成・家庭完成・主管性完成）において、個性完成（人格完成）が家庭完成（夫婦の結合）より前に置かれた根拠は、まさにこの「陽性・陰性は性相・形状の属性である」という命題にあったのである。中国の『大学』の八項目の中の'修身、斉家、治国、平天下'において、修身を斉家より前においたのも、『大学』の

96

著者が無意識のうちにこの命題を感知したためであるとも考えられよう。今日、最も難しい現実問題の一つである男女問題は、男女共に家庭完成の前に（結婚の前に）人格を完成することによって、つまり斉家する前に修身することによって、初めて解決することができるということである。

では以上で二性性相についての検討を終えて、次のテーマである授受作用の問題へ移りたいと思う。

相対的関係と授受作用

『原理講論』の創造原理には、万物は「性相と形状による二性性相の相対的関係によって存在しており」、また「陽性と陰性の二性性相の相対的関係を結ぶことによって存在するようになる」と書かれている。これは万物の第一原因である神が性相と形状および陽性と陰性の二性性相の中和的主体であるからである。言い換えれば、万物は相似の法則によって創造されたのであるから、みな例外なく神の二性性相に似ているのである。

ここで「相対的関係」とは、二つの要素や二つの個体が互いに向かい合う関係をいう。例えば、二人の人間が対話をするとき、対話がなされる前に、二人が互いに向かい合う関係がまず成立しなければならない。それが相対的関係である。そしてそのような相対的関係は、必ず相互肯定的な関係でなければならず、相互否定的であってはならない。

ところで、そのような相対的関係が結ばれるとき、何かを授受する現象が起こる。例えば、人間は相互に絶えず言葉、力、愛などを授け受けしている。自然界では天体間の万有引力、動物と植物間の二酸化炭素と酸素の交換などが行われている。そのように両者が何かを与え受ける現象を「授受作用」という。

しかし、相対的関係が成立したからといって、必ず授受作用が行われるのではない。両者の間には「相対基準」が造成されなければならないのである。相対基準とは、共通の基準すなわち共通要素または共通目的を中心として結ばれた相対的関係を意味する。したがって正確に言えば、相対的関係が成立して相対基準が造成されれば、そのときに授受作用が行われるのである。

神において、性相と形状が相対的関係を結べば、授受作用が行われる
が、そのとき、必ず一定の共通要素が中心となって相対基準が造成され
なければならないことは、すでに述べたとおりである。神において、中
心となる共通要素は心情またはその心情を土台とした創造目的である。
そして授受作用を行えば、必ず一定の結果を得るようになる。このように、
性相と形状の授受作用には必ず一定の中心と一定の結果が伴うのである。
心情が中心のとき、結果として合性体または統一体が現れ、目的が中心
のとき、結果として新生体または繁殖体が現れる。ここで言う合性体と
は一つに統一された形態をいい、新生体とは創造された万物（人間を含む）
をいう。したがって原相において、新生体の出現は万物の創造を意味する。
　ところで被造世界において、合性体とは万物の存在、生存、存続、統
一、空間運動、現状維持などを意味する。また新生体とは新しく出現ま
たは産出される結果物を意味するのであり、新しい性質や特性、あるい
はそのような性質や特性を持った新要素、新個体、新現象を意味する。
このような新生体の出現は、被造世界においてはとりもなおさず発展を
意味するのである。つまり、被造世界において、万物が存在、生存、存
続し、運動、発展する現象が現れるのは、原相内の性相と形状の間の授
受作用と同様な授受作用が行われているからである。言い換えれば、す
べての被造物が存在、生存、運動、発展するためには、必ず原相内の授
受作用に似なければならないのである。

授受作用と四位基台の形成

　性相と形状の授受作用には、すでに述べたように必ず中心（心情また
は目的）と結果（合性体または新生体）が伴うために、授受作用には必ず
中心、性相、形状、結果の四つの要素が関連するようになる。この四つ
の要素の相互関係は位置の関係である。すなわち授受作用において、中
心、性相、形状、結果は一定の位置を占めた後、互いに関係を結んでい
ると見るのである。授受作用がなされるときの、このような四つの位置
の土台を四位基台という（図３－１参照）。授受作用は、神においても被
造世界においても、またいかなる類型の授受作用であっても、例外なく、
この四位基台を土台として行われる。したがって、四位基台は人間を含

図3-1 授受作用と四位基台

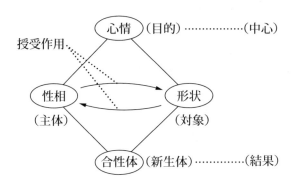

(統一思想研究院『新版 統一思想要綱』光言社、81頁より)

む万物が存在するための存在基台でもある。

　上述のように、四位基台とは、中心、主体、対象、結果の四つの位置からなる基台であって、いかなる授受作用も必ずこの四つの位置からなる四位基台に基づいて行われる。四位基台に基づいてあらゆる授受作用が行われるということは、いかなる授受作用においても、中心、主体、対象、結果という四つの位置は固定不変であるが、その位置に立てられる実際の要素はさまざまであることを意味する。

　例えば家庭的四位基台において、中心の位置には家法が立てられ、主体の位置には父が、対象の位置には母が、そして結果の位置には家庭の平和や子女の繁殖などが立てられる。また主管的四位基台、例えば企業活動においては、中心の位置には企業の目標や理念が立てられ、主体の位置にはいろいろな人的要素（管理職や従業員）、対象の位置には物的要素（機械、原資材）、そして結果の位置には生産物（商品）が立てられるようになる。また人間においては、中心は創造目的、主体は心、対象は体、結果は人間（心身一体）である。このように四位基台において、実際に立てられる要素はさまざまであるが、四つの位置だけは常に中心、主体、対象、結果として固定不変なのである。

　ところで性相と形状が授受作用をするとき、両者は同格ではない。すなわち「格位」が異なるのである。格位とは資格上の位置をいうが、ここで資格とは主管に関する資格を意味する。実際、格位とは能動性に関

する位置をいうのであって、性相と形状が格位が異なるということは、性相は形状に対して能動的な位置にあり、形状は性相に対して受動的な位置にあることを意味するのである。そのとき、動能的位置にある要素や個体を主体といい、受動的位置にある要素や個体を対象という。したがって性相と形状の授受作用において、性相が主体、形状が対象の位置になる（図３－１参照）。

主体が「能動的」な位置にあり、対象が「受動的」な位置にあるということは、少し具体的に言えば、主体が「中心的」なとき、対象はそれに対して「依存的」であり、主体が「動的」なとき、対象はそれに対して「静的」であり、主体が「積極的」なとき、対象はそれに対して「消極的」であり、主体が「創造的」なとき、対象はそれに対して「保守的」であり、主体が「外向的」なとき、対象はそれに対して「内向的」であるということである。

被造世界において、大きくは天体から小さくは原子に至るまで、このような主体と対象は限りなく多い。例えば太陽系における太陽と惑星の関係、原子における陽子と電子の関係は中心的と依存的の関係である。ところで被造世界におけるこのような主体と対象の概念は相対的なものである。たとえ一個体が主体であるといっても、その個体の上位者に対しては対象となり、たとえ一個体が対象であるといっても、その個体は下位者に対しては主体となるのである（図３－２参照）。

図３－２　個体の系列と各級の個体における相対的要素

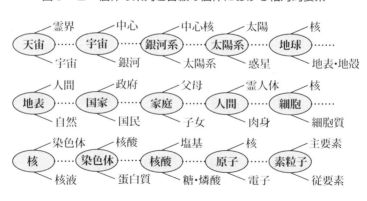

（統一思想研究院『新版 統一思想要綱』光言社、188頁より）

Ⅲ. 統一思想概要

以上で述べたように、主体は対象に対して相対的に中心的、動的、積極的、創造的、能動的、外向的であり、対象は主体に対して依存的、静的、消極的、保守的、受動的、内向的である。被造世界における、このような主体と対象の差異の根源は原相内の四位基台の主体と対象の格位の差異にあるのである。

さて、主体と対象の間においてのみ授受作用が行われるが、それはすなわち格位の差のあるところに授受作用が行われることをいう。言い換えれば、二つの要素または個体が同格の場合は授受作用は行われず、むしろ反発が起こりやすい。陽電気と陽電気の間に行われる反発がその例である。ところで、主体と対象の格位の差とは秩序を意味する。したがって秩序のあるところにおいてのみ授受作用が行われるという結論になる。

今日、世界は収拾のつかない大混乱に陥りつつあるが、それは相対的関係が主体と対象の関係にならないで、主体と主体の反発の関係になってしまったからである。したがって、世界の混乱を収拾する道は秩序を正すことであり、秩序を正すためには主体と主体の相衝的な関係を調和的な関係に転換させなければならない。そのためには、主体と対象の関係の必然性または当為性が明らかにされなければならない。ここに主体と対象の関係の基準または根拠が必要となる。それがまさに原相内の四位基台理論、または主体と対象の授受作用の理論なのである。

授受作用と四位基台の構成

それゆえに、次にまず授受作用と四位基台の構成について見てみよう。すでに指摘したように、原相における性相と形状の授受作用は中心によって二つの結果を生じる。一つは合性体であり、他の一つは新生体である。すなわち、心情が中心の時は合性体となり、目的（創造目的）が中心のときは新生体を生じる。

これは、授受作用に二つの種類があることを意味する。すなわち、心情が中心で結果が合性体である場合の授受作用と、目的が中心で結果が新生体である場合の二種類である。前者は性相と形状が授受作用をして中和体を成す場合であり、後者は性相と形状が授受作用をして神の実体対象を繁殖する場合、すなわち万物を創造する場合をいう（図３－３参照）。

101

図3-3　原相における心情中心の授受作用と目的中心の授受作用

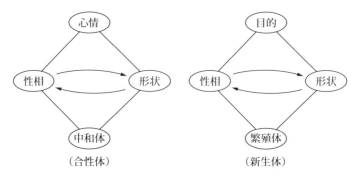

（統一思想研究院『新版 統一思想要綱』光言社、87頁より）

　原相において二種類の結果を生じるこのような授受作用は、被造物相互間の授受作用においても同じである。被造物の授受作用が原相内の授受作用に似ているからである。特に人間について言えば、人間は心と体の統一体であるが、それは目的（創造目的）を中心として、性相（心）と形状（体）が授受作用によって合性体を成している状態である。また人間は、心において構想し、その構想に従って手と道具を動かして絵を描いたり彫刻を彫ったりする。これは目的（作品を造ろうとする目的）を中心として性相と形状が授受作用をして新生体を造るということである。

　合性体を成す場合の授受作用において、授受作用の前後の性相と形状は本質的に異なったものではなく、同じものである。ただ両者が結合して一つに統一されただけである。ところが新生体を成す場合の授受作用においては、授受作用をする前の性相と形状と、授受作用をした後に現れた結果とは本質的に異なっている。授受作用の結果、新生体が造られるからである。ここで、前者すなわち合性体を成す場合の授受作用を自己同一的授受作用または簡単に自同的授受作用といい、後者すなわち新生体を生じる場合の授受作用を発展的授受作用という。この両者を変化と運動という観点から見るとき、前者は授受作用の前後で性相と形状が変化しないから静的授受作用ともいい、後者は授受作用によって変化した結果として新生体が現れるから動的授受作用ともいう。

　ところで、性相と形状の授受作用は、位置という観点から見るとき、

Ⅲ. 統一思想概要

実は主体と対象間の授受作用なのであり、それに中心と結果の位置を含めると、主体と対象の授受作用は結局、四位基台形成なのである。したがって位置的に見るとき、自同的授受作用は自同的四位基台となるのであり、発展的授受作用は発展的四位基台となるのである。このようにして四位基台には合性体を成す自同的四位基台と、新生体を成す発展的四位基台の二種類があることになる。

四位基台には、その他にまた異なる二種類の四位基台がある。それが内的四位基台と外的四位基台である。この二種類の四位基台は授受作用に内的授受作用と外的授受作用があることから生じたものである。

原相において、本性相は機能的部分と対象的部分の二つの部分から成っており、機能的部分を内的性相、対象的部分を内的形状と呼ぶことを説明した。すなわち、本性相の内部にも、性相と形状があるというのである。これは本性相を中心として見るとき、その内部にも性相（内的性相）と形状（内的形状）があり、外部にも性相（本性相）と形状（本形状）があるということになる。

さて、性相と形状が共通要素を中心として相対的関係を結べば必ず授受作用が行われるのであるが、前者すなわち「内的性相」と「内的形状」の間の授受作用を「内的授受作用」といい、後者の「本性相」と「本形状」の間の授受作用を「外的授受作用」という。内的授受作用によって内的四位基台が、そして外的授受作用によって外的四位基台が形成されるが（図3－4参照）、内的授受作用にも中心（心情または目的）と結果（合性体または新生体）が含まれるのはもちろんである。本性相を中心とする内外の授受作用は、人間においては内的生活と外的生活に相当する。内的生活は心の内部で行われる授受作用すなわち内的授受作用であり、外的生活は他人との間に行われる授受作用すなわち外的授受作用である。そして、その由来がまさに原相の本性相の内的授受作用と外的授受作用なのである。このような本性相に由来する内的および外的授受作用は、人間のみならず、すべての被造物の個体において例外なく現れるのである。

つまり、すべての被造物が存在するためには、例外なく本性相に由来した内的および外的授受作用をして、内的四位基台および外的四位基台を形成しているのである。そして、原相における授受作用は、心情また

103

図３−４　内的四位基台と外的四位基台

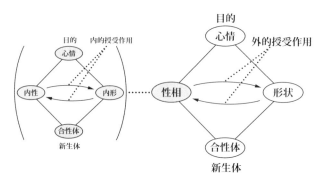

（統一思想研究院『新版 統一思想要綱』光言社、89頁より）

は創造目的を中心とした円満で調和的な相互作用であるので、万物は例外なく創造目的を中心として、円満な内的および外的な授受作用をなして内的および外的な四位基台を形成しているのである。

　ところで、すでに述べたように、性相と形状の関係は主体と対象の関係であり、中心と結果を含めた主体と対象の授受作用は四位基台形成であった。したがって位置的に見るとき、内的授受作用は内的四位基台を意味し、外的授受作用は外的四位基台を意味する。すなわち、本性相は内外に四位基台を形成しているのである。原相における性相を中心として見た、このような内的四位基台と外的四位基台の構造を「原相の二段構造」と呼ぶ（図３−５参照）。そして被造物も原相の構造に似て、個体ごとに内外に四位基台を形成しているので、それを「存在の二段構造」という（図３−６参照）。

四位基台の種類

　これで、一応、四位基台の種類が出そろったことになる。先に、四位基台には自同的四位基台と発展的四位基台の外に、内的四位基台と外的四位基台という異なる二種類の四位基台があるということを明らかにした。したがって、四位基台は異なる種類を組み合わせて四種類あるということになるのである。実際には、これらが互いに組み合った次のような四位基台が形成されている。すなわち、内的自同的四位基台、外的自

Ⅲ．統一思想概要

図３－５　原相の二段構造

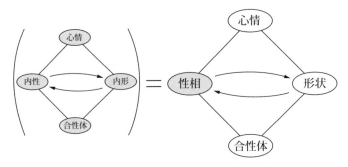

（統一思想研究院『新版 統一思想要綱』光言社、90頁より）

図３－６　存在の二段構造

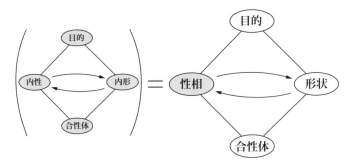

（統一思想研究院『新版 統一思想要綱』光言社、90頁より）

同的四位基台、内的発展的四位基台、外的発展的四位基台の四種類である（図３－７参照）。次に、それらについて、その各々の構造や特性を見ることにする。

内的自同的四位基台の構造と特性

　内的自同的四位基台は、内的四位基台と自同的四位基台が組み合わさったものである。すなわち、本性相の内部の内的四位基台が自己同一性つまり不変性を持つようになったものをいう。ところで、自同的四位基台とは、性相と形状が授受作用を行ったのち、その結果として合性体または統一体を成す四位基台を意味する。ところで、そのような四位基台は

105

図3-7　四位基台の種類

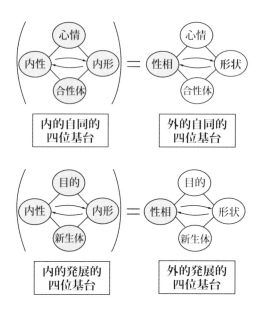

(統一思想研究院『新版 統一思想要綱』光言社、92頁より)

実は内外に同時に形成されるが、それが内的に形成されるものが内的自同的四位基台なのである。

　被造物の内的自同的四位基台において、その中心は心情または創造目的であり、主体と対象の授受作用は円満になされ、その結果は合性体（統一体）である。すべての被造物は例外なく他者と授受作用をしているが、そのとき必ず被造物の内部において授受作用が行われ、四位基台が形成される。そのような被造物の内的自同的四位基台の原型が、本性相内の内的自同的四位基台なのである。

外的自同的四位基台の構造と特性

　外的自同的四位基台は、外的四位基台と自同的四位基台が一つに組み合わさったものである。すなわち本性相の外部の外的四位基台が自己同一性（不変性）を帯びるようになったものをいい、神が万物を創造する直前の属性の状態、すなわち性相と形状が中和を成した状態を意味する

のである。外的自同的四位基台は、内的自同的四位基台と不可分の関係を持っており、内的自同的四位基台の土台の上に外的自同的四位基台が成立するのである。

万物相互間における外的自同的四位基台の実例として、太陽と地球の関係が挙げられよう。太陽と地球の関係において、地球は太陽を中心に回りながら（公転）、地球自体も回っている（自転）。これは地球と太陽系の自己同一性を維持するためなのである。すなわち地球は自転を通じて自体の存立（自己同一性）を維持し、公転を通じて太陽と共に太陽系全体の存立（自己同一性）を維持している。地球のこのような自転と公転は、内的に地球の内部で自己同一性の維持のための授受作用が行われ、外的に太陽との間に自己同一性の維持のための授受作用が行われていることを示しているのである。そのような太陽と地球の例を見るとき、そこに内的自同的四位基台と外的自同的四位基台が同時に造成されていることを知ることができる。それは両者が不可分の関係にあるからである。

内的発展的四位基台の構造と特性

内的発展的四位基台は、内的四位基台と発展的四位基台が組み合わさったものである。すなわち本性相内の内的四位基台が発展性、運動性を帯びるようになったものをいう。ここで発展的四位基台とは、創造目的を中心として主体と対象が授受作用を行い、新生体を生じるときの四位基台を意味する。そして四位基台は内外において形成されるが、しかし自同的四位基台の場合とは違って、発展的四位基台の場合、同時的ではなくて、継時的である。すなわち、まず内的な発展的四位基台が形成され、続いて外的な発展的四位基台が形成されるのである。

内的発展的四位基台は創造において最初に形成される四位基台である。例えば人間が製品を作るとき、まず心で構想し、計画を立てる。次に、その構想や計画に従って道具や機械を使用して製品を製作する。そのように構想の段階が先であり、製作の段階が後である。構想は心で行うために内的であり、製作は道具や機械を使用しながら行うために外的である。構想も製作も授受作用による四位基台の造成である。そして構想した結果も新生体であり、製作した製品も新生体である。ここに構想は漠

然たる構想でなく、一定の製品を製作しようとする明確な目標に基づいた構想であり、製作の場合も同様である。

　したがって、構想段階の四位基台や製作段階の四位基台は、いずれも目的を中心とした四位基台である。そのように目的と新生体を伴った四位基台が発展的四位基台であるが、それが内外の二段階として形成される。初めの構想段階が内的発展的四位基台、次の製作段階が外的発展的四位基台である。原相において、本性相内の目的を中心とした内的性相と内的形状により、ロゴスを形成するのが原相の内的発展的四位基台である。そのような原相の内的発展的四位基台が被造物のすべての内的発展的四位基台の原型となっているのである。

外的発展的四位基台の構造と特性

　ところで外的発展的四位基台とは、外的四位基台と発展的四位基台を組み合わせたものであって、本性相の外部での授受作用すなわち本性相と本形状の授受作用の土台となっている外的四位基台が発展性、運動性を帯びるようになったものをいう。そして発展とは、新しい性質を持った個体すなわち新生体が生まれることをいう（発展は創造を結果の面から把握した概念である）。したがって発展的四位基台とは、創造目的を中心として主体と対象が授受作用を行い、新生体を生じるときの四位基台を意味する。また外的発展的四位基台とは、本性相の外部に形成された外的四位基台が発展性を帯びることによって、発展的四位基台になったものである。そして、このような外的発展的四位基台は、内的発展的四位基台に続いて継続的に形成される。つまり、まず内的な基台が形成され、次に外的な基台が形成されるのである。

　四位基台とは、要するに、心情または目的を中心として授受作用を行い、結果が生じる現象を空間的概念として表現したものである。したがって、内的および外的発展的四位基台は、授受作用として理解すれば、よりわかりやすい。また発展とは、すでに述べたように、創造を結果の面から把握した概念であるから、発展的四位基台を理解するためには、創造や製作がいかにしてなされるかを調べれば理解しやすくなると思う。そこで、人間の場合を例にして、創造や製作がいかにしてなされるかを

見てみることにしよう。

創造活動の二段構造

　人間は何かを造ろうとするとき、まず心において構想する。例えば、家を建てようとすれば、まず一定の目的を立てて、構想し、計画書を作ったりする。これが内的授受作用であり、創造の第一段階である。そして次に創造の第二段階が始まる。すなわち、構想に従って建築資材を用いて建築工事を行い、一定の時間をかけて、目的とした建物を完成させるのであるが、これは心の外で行われる授受作用であるから外的授受作用である。

　ところで、この建築工事の例において、考えられた構想も以前にはなかった新しいものであり、造られた建物も以前にはなかった新しいものであって、いずれも新生体である。そのような新生体の出現は、動機から見れば創造であり、結果から見れば発展である。外的授受作用において、主体は構想であり、対象は建築資材などである。そして主体と対象の授受作用が建築工事の遂行であり、授受作用の結果が完成された建物である。

　以上に検討した内容より、次のような事実が明らかになる。すなわち、第一に、創造には必ず二段階の過程があるということである。第二に、第一段階は内的な構想の段階であり、第二段階は外的な作業の段階であるということである。第三に、二段階の授受作用がいずれも同一の目的を中心としてなされ、必ずその結果として新生体を造るということである。ここで、第一段階は内的発展的授受作用の段階であり、第二段階は外的発展的授受作用の段階である。

　このような一連の原則は、すべての創造活動に適用される。すなわち、生産、製作、発明、芸術など、いかなる種類の創造活動にも例外なく適用される。それは、その基準が神の原相にあったからである。それが本性相の内外の授受作用、すなわち内的発展的授受作用と外的発展的授受作用である。神はまず一定の目的を立てて、万物の創造を構想したあと、材料に相当する形状（前エネルギー）を用いて、構想したとおりに万物を造られた。ここで神が構想する段階が内的発展的授受作用の段階であ

り、実際に万物を造る段階が外的発展的授受作用の段階である。

　同様に、人間の創造や製作活動にも、必ずその前に構想がなければならないということ、したがって外的発展的授受作用には必ずその前に内的発展的授受作用がなければならないということは明らかである。そして人間の構想の時の授受作用の原型は、神の原相内の授受作用であるが、これは人間（万物）は相似の法則によって神に似せて創造されたからである。

　原相内の授受作用は必ず四位基台を土台として行われる。それゆえに、四位基台の別名が授受作用であり、授受作用の別名が四位基台である。したがって神の創造において、内的発展的授受作用が必ず外的発展的授受作用に先行するということは、内的発展的四位基台が、必ず外的発展的四位基台に先行して形成されることを意味するのである。言い換えれば、創造においては必ず内的発展的四位基台と外的発展的四位基台が連続的に形成されるのである。これを「原相の創造の二段構造」という（図3－8参照）。人間の場合、現実的な創造活動の時にも、内的および外的な四位基台が連続的に形成される。人間の創造活動において連続的に形成される二段階の四位基台を「現実的な創造の二段構造」という。

図3-8　創造の二段構造

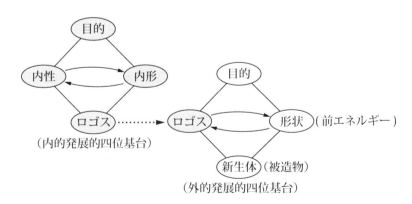

（統一思想研究院『新版 統一思想要綱』光言社、123頁より）

III. 統一思想概要

四位基台は授受作用を空間的に把握した概念

次に、四位基台と授受作用の関係についてであるが、すでに述べたように授受作用は四位基台を土台として行われる。それゆえに、授受作用がなされるには、必ず中心と主体と対象および結果の四つの位置が立てられなければならない。言い換えれば、授受作用の現象を空間的側面から把握した概念が四位基台であるということになる。

正分合作用は授受作用を時間的に把握した概念

ところで、すべての現象は空間性と時間性を持っている。したがって授受作用の現象も時間的側面から把握することができるのである。その授受作用を時間的側面から把握した概念が正分合作用である。つまり、授受作用を四位基台が定立される時間的順序に従って扱った概念が正分合作用なのである。まず中心が定められ、次に主体と対象が定められ、最後に結果が定められるというように授受作用を三段階過程から把握した概念が正分合作用である（図３－９参照）。

したがって正分合作用の内容は、授受作用の場合と同じである。すなわち心情を土台とした目的を中心として、主体と対象が円満で調和的な相互作用を行うことによって合性体または新生体を成すという内容は、授受作用の場合と完全に一致しているのである。したがって正分合作用の種類も授受作用の種類と対応しているのであって、内的自同的正分合

図３－９　正分合作用

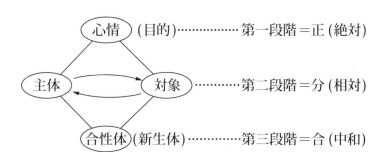

（統一思想研究院『新版 統一思想要綱』光言社、135頁より）

111

作用、外的自同的正分合作用、内的発展的正分合作用、外的発展的正分合作用という四種類の正分合作用があるのである。

原相構造の概念

以上で原相の主要な内容に関する探究を終え、次に原相構造に関連した事項である「原相構造の統一性」と「創造理想」について見てみたいと思う。

原相構造とは、神相における性相と形状の相互関係であり、それが明らかにされることによって、関係の本来の基準が明らかになるために、すべての問題が根本的に、また恒久的に解決されるようになったのであるが、ここに原相構造に関して二つ付け加えることがある。それは、原相の説明においてなぜ構造という概念が必要なのかということと、もう一つは構造という面から見た原相の真の姿はいかなるものかということである。

本来、構造という用語は、一定の材料によって造られた構造物、例えば建築物に関して、その材料の相互関係を表すときに用いられる。また、いろいろな有形物の仕組みを分析して研究するときに用いられる。例えば、社会構造、原子構造などがその例である。すなわち事物を分析し、研究するとき、構造の概念が必要なときが多いのである。そのような側面を拡大適用すれば、例えば意識構造とか精神構造などのように、意識や精神など無形的な存在を分析するのにも使うことができるのである。

原相構造の統一性

無形なる神の属性の関係を調べるのに構造の概念を使用したのは、まさにそのような立場からである。すなわち構造の概念を用いることによって、神の属性、特に性相と形状との関係を詳細に分析することができるからである。

しかし、いくらそうであっても、そして性相と形状の相対的関係にはいろいろな種類があるとしても、原相の世界は時空を超越した世界である。それを構造概念または時空概念から類推したとき、一体いかなる原相の真の姿が得られるのだろうか。

Ⅲ. 統一思想概要

それは一言で言えば、「統一性」であるとしか表現できないのではないだろうか。原相の世界は、空間がないために位置がなく、したがって前後、左右、上下がなく、内外、広狭、遠近がなく、三角形、四角形などの空間もない。無限大が無限小と同じであり、すべての空間が一つの点に重畳されている多重畳の世界である。それと同時に、上下、前後、左右、内外が限りなく広がっている世界である。

また、原相の世界は時間のない世界である。したがって時間観念から類推すれば、過去、現在、未来が今の瞬間に合わさっている。すなわち瞬間の中に永遠があり、瞬間が永遠へつながっているのである。したがって瞬間と永遠が同じである。これは、原相の世界が一つの状態（性相と形状、陽性と陰性が統一された状態）の純粋持続であることを意味する。いわば「状態の純粋持続」が原相世界の時間である。

要約すれば、原相の世界は純粋な「統一体」である。空間と時間だけでなく、その他の現象、堕落と関連した非原理的なものを除いたその他のすべての現象の原因が、重畳的に一点に統一されている世界である。言い換えれば、時間、空間をはじめとする宇宙内のすべての現象は、この統一された一点から発生したのである。この統一性から時空の世界が上下、前後、左右に無限に広がっているのである。

それゆえ宇宙がいくら広大無辺で、宇宙の現象や運動がいくら複雑であるとしても、その時空と現象を支配している基本原理は、この一点、すなわち統一性にあるのである。それが統一の原理であり、授受作用の原理であり、愛の原理である。例えば授受作用の土台である四位基台という一点（原点）から空間が展開されたのであり、正分合作用という一点から時間が展開されたのである。

創造目的は創造理想の実現

では、次に創造理想の探究に移ろう。創造理想が原相構造と関連があるのは、それが四位基台の中心である創造目的と直接関連しているからである。一般的に理想とは、人間が希望または念願することが完全に実現された状態をいう。人間が希望し念願するのは、喜びを得るためである。そして喜びが生ずるのは、愛が実現された時である。なぜならば、

113

喜びの土台が心情の衝動性、つまり愛の衝動性にあるからである。

統一原理では、神が被造世界を創造された目的は喜びを得ることにあるが、その喜びは被造物が喜びの対象になるとき、欲望が満たされるとき、被造物が自身に似るとき、そして善の目的を完成したときに感じられるのであると記している。すなわち神の喜びは、第一に、被造物が喜びの対象になって神に似ることによって神の欲望が満たされるときに生じるのであり、第二に、神と被造物との間に互いに相補的な関係が成立するときに生じるのである。

欲望が満たされるということは、希望が遂げられ、念願が成就することを意味する。つまり神の理想が実現されることを意味する。そして善の対象になるということは、愛の対象になることを意味する。善の土台が愛であるからである。そして神に似るということは、心情を中心とした神の性相と形状の調和的な授受作用の姿に似るということであり、神の愛の実践者となることを意味する。『原理講論』で「神の創造目的は、愛によってのみ完成することができるのである」と記述されているのは、そのことを意味するのである。これより、神の創造理想とは何かが明らかになる。それは「神が創造されたとき、意図（希望）されたことが完全に実現された状態」であり、未来において「神に似た人間によって神の愛が完全に実現された状態」である。

ところで、神の創造目的と創造理想の概念には差異がある。創造目的は喜びを得ることにあり、喜びは欲望が満たされるときに生ずる。欲望の充足とは、要するに、希望が成し遂げられることであり、念願の成就である。神の念願の成就とは、まさに神の創造理想の実現である。したがって神の欲望の充足も、神の喜びも、創造理想が実現されたときに成し遂げられるという結論になる。結局、神の創造目的は創造理想の実現にあるのである。

さて、創造目的についてであるが、人間の創造目的と万物の創造目的には差異がある。すでに述べたように、神が人間と万物を創造された目的は被造物を見て喜ぼうとされることにあった。しかし直接的な喜び、刺激的で愛情の細やかな喜びは、人間においてのみ感じられるようになっていたのである。神は万物からも喜びを感じるが、その喜びは人間のよ

うに刺激的なものになりえず、しかも人間が創造されて完成したのちに、人間を通じて間接的に感じるようになっていたのである。人間は神の形象的実体対象であり、万物は神の象徴的実体対象であるからである。それは、万物は人間の直接的な喜びの対象として造られたことを意味することである。

　以上、創造理想と創造目的の概念およびその差異について探究してきたが、要するに、創造理想は「設定された目標が達成されているときの状態」をいい、創造目的はその「設定された目標」だけをいうということである。そして、すでに述べたように、創造理想は未来において「神に似た人間によって神の愛が完全に実現された状態」であり、それに対して創造目的は「対象を見て喜ぼうとすること」であって、将来「到達しようとする目標」である。結局、創造理想は「創造目的が達成された状態」であり、そして創造目的は創造理想の実現を通じて達成されるのである。

3．創造の心情動機説と相似の創造説

喜びの対象としての宇宙万物の創造

　神はなぜ、つまりどんな動機で創造理想を実現なされようとなさったのか、そしてどんな法則に則って創造理想の世界を設定なされたのか、はたまた神の願われる創造理想の世界はどのような世界なのかなどについて、次に少し具体的に見てみたいと思う。

　神の性相の最も核心となる部分は心情であるが、心情とは「愛を通じて喜ぼうとする情的衝動」である。そして「情的衝動」とは内部から湧き上がる抑えがたい願望または欲望を意味する。ここで、心情というそのような概念を正しく理解するための助けとして、人間の場合を考えてみよう。人間は普通の願望や欲望は意志で抑えることができるが、情的衝動は人間の意志では抑えられない。人間は誰でも生まれつき喜びを追求する。つまり人間はいつも喜びを得ようとする衝動、喜びたいという衝動を持って生きている。それにもかかわらず、今日まで大部分の人々が真の喜び、永遠の喜びを得ることができないのも、また事実である。

相似の法則による創造

ところで神において、喜ぼうとする情的衝動は、愛そうとする衝動によって支えられている。真の喜びは真の愛を通じなければ得られないからである。したがって愛そうとする衝動は、喜ぼうとする衝動よりも強いのである。愛の衝動は、愛さずにはいられない欲望を意味する。そして、愛さずにはいられないということは、愛の対象を持たずにはいられないことを意味する。

それゆえに、神は喜びの対象として人間と万物を造られたのである。主体の喜びは、自己の性相と形状に似た対象からくる刺激によって得られる。したがって神は、自己の二性性相に似るような形象的実体対象として人間を造られ、また象徴的実体対象として万物を造られたのである。これが「相似の法則」による「相似の創造」である。

心情を動機とした創造

そのように心情が動機となり、神は直接的な愛の対象として人間を、また間接的な愛の対象として万物を創造されたのである。万物が神の間接的愛の対象であるということは、直接的には万物は人間の愛の対象であることを意味する。そして、創造の動機から見るとき、人間と万物は神の愛の対象であるが、結果から見るとき、人間と万物は神の喜びの対象なのである。このような心情を動機とする宇宙創造の理論が、「創造の心情動機説」である。

次に、創造において心情を動機とし、相似の法則によって創造をなされた神の創造性について見てみたいと思う。創造性とは、一般に「新しいものを作る性質」と定義されている。統一思想においては、創造性を一般的な意味にも解釈しているが、それよりは「創造の能力」として理解している。

神の創造性

ところで、神の創造性をそのように創造の性質とか創造の能力として理解するだけでは正確な理解とはなりえない。神の創造の特性、または

116

要件をここで明らかにする必要がある。神の創造は偶発的なものではない。もちろん、自然発生的なものではさらにない。それは抑えることのできない必然的な動機によってなされたものであり、明白な合目的的な意図によってなされたのである。

また、すでに見てきたように、創造には創造目的を中心とした内的および外的な四位基台または授受作用が必ず形成されなければならない。したがって、神の創造性は具体的には「目的を中心とした内的および外的な四位基台形成の能力」と定義することができる。神において、内的四位基台の形成は、目的を中心とするロゴスの形成であり、外的四位基台の形成は、目的を中心として性相と形状が授受作用をして万物を造ることである。したがって神の創造性はそのような内的および外的四位基台形成の能力であり、言い換えれば、「ロゴスの形成に続いて万物を形成する能力」である。

人間の創造性と万物主管

ところで、人間にも新しいものをつくる能力すなわち創造性がある。これを人間が新しい製品を作るという創造に例えれば、内的四位基台形成は、構想すること、新しいアイデアを開発すること、したがって青写真の作成を意味し、外的四位基台形成は、その青写真に従って人間（主体）が機械と原料（対象）を適切に用いて新製品（新生体）を造ることを意味するのである。このような人間の創造性は、相似の法則に従って、神の創造性が人間に与えられたものである。

このように、人間は元来、相似の法則によって造られたので、人間の創造性は神の創造性に完全に似るように、すなわち神の創造性を引き継ぐようになっていたのである。人間の創造性が神の創造性に似るということは、神が創造性を人間に賦与することを意味する。それでは、神はなぜ人間に創造性を賦与しようとなされたのであろうか。それは人間を「万物世界に対する主管位に立たせて」、「万物を主管し得る資格を得させるため」であった。

ここで万物主管とは、万物を貴く思いながら扱うことをいう。つまり人間が愛の心を持って、いろいろな事物を扱うことを万物主管というが、

117

そこには人間生活のほとんどすべての領域が含まれる。例えば経済、産業、科学、芸術などがすべて万物主管の概念に含まれる。したがって、人間生活全体が万物主管の生活であると言っても過言ではないのである。

　ところで本然の万物主管は、神の創造性を受け継がなくては不可能である。本然の主管とは、愛を持って創意的に事物を扱いながら行う行為、例えば耕作、製作、生産、改造、建設、発明、保管、運送、貯蔵、芸術創作などの行為をいう。そのような経済、産業、科学、芸術などの活動だけでなく、ひいては宗教生活、政治生活までも、それが愛をもって物を扱う限りにおいて、本然の万物主管に含まれる。そのように本然の人間においては、事物を扱うのに、愛とともに新しい創案（構想）が絶えず要求されるために、本然の主管のためには神の創造性が必要になるのである。

　さて、人間は堕落しなかったならば、そのような神の創造性に完全に似ることができ、したがって本然の万物主管が可能となったことであろう。「神が相似の法則によって人間を創造したとすれば、人間は生まれる時から本然の創造性を持っていたであろう。したがって、人間始祖の堕落に関係なく、その創造性は持続されたのではないか」というような疑問が生じるかもしれない。

相似の創造の時空世界への具現

　ともあれ、そのような疑問はさておき、ここでまず相似の創造が時空の世界では具体的にどのように現れるかについて考えてみよう。神の創造とは、要するに被造物である一つ一つの万物が、時空の世界に出現することを意味する。したがって、神の構想の段階では、創造が超時間、超空間的になされたとしても、被造物が時空の世界に出現するに際しては、小さな、未熟な、幼い段階から出発して、一定の時間的経路を経ながら一定の大きさまで成長しなければならない。そして一定の大きさの段階にまで完成した後に、神の構想または属性に完全に似るようになるのである。その時までの期間は未完成段階であり、神の姿に似ていく過程的期間であって、統一原理はこの期間のことを成長期といい、蘇生期、長成期、完成期の三段階（秩序的三段階）に区分している。

118

Ⅲ．統一思想概要

　人間はこのような成長過程において、長成期の完成級の段階で堕落したのであった。ところで、被造物の中で堕落したのは人間だけである。万物は堕落しないでみな完成し、それぞれの次元において神の属性に似ているのである。ここで次のような疑問が生ずるであろう。すなわち万物の霊長であるといわれる人間が、なぜ霊長らしくなく堕落したのかという疑問である。それは、万物が原理自体の主管性または自律性だけで成長するようになっているのに対して、人間には、成長において原理の自律性、主管性のほかに責任分担が要求されたからである。

創造における人間の責任分担の意義

　それでは神はなぜ人間の始祖であるアダムとエバに失敗する可能性もあるような責任分担を負わせたのであろうか。それは人間に万物に対する主管の資格を与えるためであり、人間を万物の主管主にするためであった。主管とは、自分の所有物や自分が創造したものだけを主管するのが原則であり、他人の所有物や他人の創造物は主管しえないようになっている。殊に人間は万物よりもあとに創造されたのであるから、万物の所有者にも創造者にもなりえないはずである。

　しかし神は、人間を天の父である神ご自身に似た神の子として造られたために、人間にご自身の創造主の資格を譲り与え、主管主として立てようとされたのである。そのために人間が一定の条件を立てるようにせしめて、それによって人間も神の宇宙創造に同参したものと認めようとされたのである。その条件とは、アダムとエバが自己を完成させることである。すなわちアダムとエバが誰の助けも受けないで自己を完成させれば、神はアダムとエバが宇宙を創造したのと同様な資格を持つものと見なそうとされたのである。なぜならば、価値から見るとき、人間一人の価値は宇宙全体の価値と同じだからである。また人間が完成することによって初めて宇宙創造も完成するからである。

　創造は、創造者自身の責任のもとでなされる。神が宇宙を創造されるのに神自身の責任のもとでなされた。そしてアダムとエバが自身を完成させることは、創造主たるべきアダムとエバ自身の責任なのであった。そのような理由のために、神はアダムとエバに責任分担を負わせたので

119

ある。もしも人間が責任分担を果たして完成したならば、まず神の心情、すなわち愛を通じて喜びを得ようとする情的な衝動をそのまま受け継いで、神が愛の神であるように、人間も神に似た愛の人間になったであろう。そして心情を中心とした神の創造性を完全に受け継ぐようになったであろう。

　これはすべての主管活動が、心情を土台とし、愛を中心とした活動になることを意味する。すでに述べたように、政治、経済、産業、科学、芸術、宗教などは、物質を扱う限りにおいて、すべて主管活動であるが、そのような活動が神から受け継いだ完全な創造性に基づいた愛の主管活動に変わるようになるのである。心情の衝動力を動機とする知情意の活動の成果の総和を文化（心情文化）というが、その知情意の活動がみな物資を扱うという点において共通であるために、文化活動は結局、創造性による主管活動であると見ることができる。

　ところで今日の世界を見るとき、世界の文化は急速に没落しつつある。政治、経済、社会、科学、芸術、教育、言論、倫理、道徳、宗教など、すべての分野において方向感覚を喪失したまま、混乱の渦の中に陥っているのである。これを万物主管という観点から見るとき、今日の文化的危機の根本原因は、遠く人類歴史の初めまで遡って探さなければならない。それは人間始祖の堕落によって人間が神の創造性だけでなく、神の心情と愛を完全に受け継いで神に似た完全な人間になることができなかったことによって、自己中心的な存在となり、利己主義が広がるようになったことにあるのである。

　したがって、今日の文化を危機から救う唯一の道は、自己中心主義、利己主義を清算し、すべての創造活動、主管活動を神の愛を中心として展開することである。すなわち世界の各界各層のすべての指導者たちが神の愛を中心として活動するようになるとき、そしてその活動の理論的根拠を創造の心情動機説と相似の創造説に立脚した理論体系である統一思想に基づくとき、今日の政治、経済、社会、教育、科学、宗教、思想、芸術、言論など、さまざまな文化領域の交錯した難問題が、根本的にそして統一的に解決され、ここに新しい真の平和な文化が花咲くようになるであろう。それは共産主義文化でもなく、資本主義文化でもない新し

Ⅲ. 統一思想概要

い形態の文化であり、それがまさに心情文化、愛の文化であり、中和文化なのである。

　では最後に、授受作用によってもたらされる結果の一例として神の創造において本形状から発生する二つの力、および神が創造理想とした「神に似た人間によって神の愛が完全に実現された状態」について、具体的にはそれはいかなる状態なのかを探究しよう。

神の創造において発生した二つの力と万有原力

　まず、統一思想では神の創造において本形状である前エネルギーから授受作用によって二つの力（エネルギー）が発生すると見る。その一つは「形成エネルギー」（Forming Energy）であり、他の一つは「作用エネルギー」（Acting Energy）である。形成エネルギーは直ちに粒子化して物質的素材となり、万物を形成するのであるが、作用エネルギーは万物に作用して、万物相互間に授け受ける力を引き起こす。その力を統一思想では原力（Priming Force）と呼ぶ。そして原力が万物を通じて作用力として現れるとき、その力を万有原力（Universal Prime Force）と呼ぶのである。

　本形状から授受作用によって形成エネルギーおよび作用エネルギーが発生するとき、愛の根源である心情が授受作用の土台となるために、発生する二つのエネルギーは単純な物理的なエネルギーではなく、物理的エネルギーと愛の力との複合物なのである。したがって原力にも万有原力にも、愛の力が含まれているのである。

創造理想が実現した世界

　次に、「神に似た人間によって神の愛が完全に実現された状態」について、具体的にそれはいかなる状態なのかを見てみたいと思う。結論から言えば、それは「理想人間、理想家庭、理想社会、理想世界が実現された状態」をいう。

　ここで理想人間とは、心と体が一つとなって、神の性相と形状の中和体に似た理想的な男性と女性をいい、神の愛を万人と万物に施すことのできる男性と女性、神を真の父母として奉ることのできる男性と女性を

121

いう。そのような人間は「天の父が完全であられるように、あなたがたも完全な者となりなさい」（マタイ五・48）というみ言を成就した人間である。そしてそれは「唯一無二の存在」であり、「全被造世界の主人」であり、「天宙的な価値の存在」なのである。

　そのような理想人間である男女が結婚して、神の陽性と陰性の中和体に似た夫婦を成すのが理想家庭である。そのような家庭は、その中に愛があふれるのみならず、隣人、社会、国家、世界を愛し、万物までも愛し、神を真の父母として奉る家庭になるのである。

　そして理想家庭が集まって社会を成すとき、その社会はまた神の姿に似た社会となって、その中に愛があふれるのみならず、外的には他の社会と愛で和合しながら、神を真の父母として奉るようになる。それが理想社会である。

　次に理想社会が集まって世界を成すとき、その世界はまた神の姿に似た世界となって、すべての人類が、神を人類の真の父母として奉りながら、兄弟姉妹の関係を結んで、愛に満ちた永遠なる平和と繁栄と幸福生活をするようになる。それがまさに理想世界である。それは歴史の始まりから、数多くの聖賢、義人、哲人たちが夢見た理想郷であった。

　愛は真善美の価値を通じて具体的に実現される。したがって理想世界は価値の世界、すなわち真実生活、倫理生活、芸術生活の三大生活領域を基盤とした統一世界であると同時に、神の愛が経済、政治、宗教（倫理）において実践される共生共栄共義主義社会なのである。それがすなわち地上天国である。創造理想とは、このような理想人間、理想家庭、理想社会、理想世界が未来に実現された状態をいうのである。そのような状態が実現されたとき、すなわち創造理想が実現されたとき、初めて神の創造目的が、すなわち永遠なる喜びを得ようとした初めの願望が成されるようになるのである。

　以上で一応、神の創造目的、そして創造理想の実現の歩みなどについての探究を終えて、本章を締めくくりたいと思う。

Ⅳ. 宇宙論と統一思想の和合を目指して

1. 科学と宗教を統一する理論を求めて

人間の欲望と堕落およびその結果

　人間は誰でも生まれつき喜びを追求するものである。つまり、人間はいつも喜びを得ようとする衝動、喜びたいという欲望をもって生きている。それにもかかわらず、今日まで大部分の人々が真の喜び、永遠の喜びを得ることができないのも、また事実である。欲望は達成されてこそ満たされるものであるが、しかし大部分の人間にとって、喜ぼうとする欲望が満たされていないのは、喜びは愛を通じてしか得られないということがわかっていないからである。喜びが愛を通じてしか得られないのは、その喜びの根源が神にあるからである。

　さて欲望といえば、人間はややもすればその本意を取り違えがちである。というのは、私たち人間は一般的に言って、その欲望が善よりも悪のほうに傾きやすい現今の生活環境の中に生きているからである。しかし、そうではあっても、不義な結果をもたらすような欲望は、決して人間の本心からくるものではない。人間の本心は、悪に向かおうとする不義の欲望を退けて、善を指向する欲望に従って、本心の喜ぶ幸福を得ようと、ひたすらに生きているのである。

　しかしながら、有史以来ひたすらにその本心のみに従って生きることのできた人間は一人もいなかった。それゆえに、聖書には「義人はいない、ひとりもいない、悟りのある人はいない、神を求める人はいない」（ローマ三・10〜11）と記されているのである。また、パウロは「わたしは、内なる人としては神の律法を喜んでいるが、わたしの肢体には別の律法があって、わたしの心の法則に対して戦いを挑み、そして、肢体に存在する罪の律法の中に、わたしをとりこにしているのを見る。わたしは、なんというみじめな人間なのだろう」（ローマ七・22〜23）と、人間

124

IV．宇宙論と統一思想の和合を目指して

のこのようなみじめさを嘆き悲しんでいた。

　私たちはここにおいて、善の欲望に従って暮らそうとする本心の指向性と、これに反する悪の欲望のとりこになっている邪心の指向性とが、同一の個体の中で、それぞれ相反する目的を指向して、互いに戦いを挑んでいるという、人間の矛盾性を発見するのである。存在するものは、いかなるものであっても、それ自体の内部に矛盾性を持つようになれば滅びざるを得ない。それにもまして、いかなる存在でも、矛盾性を内包したままでは、生まれるというそのことさえも不可能であろう。したがって、人間が持っているこのような矛盾性は、後天的に生じたものだと見なければならないであろう。

　人間のこのような破滅状態のことを、キリスト教では堕落と呼んでいる。すなわち結論的に言って、私たち人間は堕落したのであり、そしてその堕落した状態から抜け出そうとして、邪心からもたらされる悪の欲望を取り除き、本心から生じてくる善の欲望に従って、それ自体の矛盾性を除去しようと必死に努力しているのである。ところで元来人間は、神が相似の法則に従って神ご自身に似た存在となるようにと創造されたのである。そして三段階の成長期間を通じて完成すれば、神に似た存在として、神のような完全な知を持つようになっていたのだが、未完成のときに堕落したことによって、人間は神に似たような完全な知を受け継ぐことができなかったのである。

　そのために、私たち人間はいくら必死に努力して、邪心からくる悪の欲望を除き、本心から生じる善の欲望を求めても、悲しいかな、その目的を達することができないでいるのである。それは、人間が完成したあかつきには得ることができたはずの完全なる知を、堕落したことによって得ることができなかったからである。知的な観点から言えば、堕落した結果、人間は無知になったのである。

　人間は、善の欲望を生ぜしめる本心とは、そもそもいかなるものなのか、また、この本心に反して悪の欲望を起こさせる邪心とは、一体どこから生じてくるものなのか、さらにまた、人間にこのような矛盾性を持たしめて破滅を来したその根本原因は一体何なのか、等々といった諸々の問題に対して、無知なのである。それゆえに、私たちが悪の欲望を抑

125

え、善の欲望に従い、本心が指向する善の生活をするためには、この無知を克服して、善悪を判別できるようにならなければならないのである。

人間の内的および外的無知

　以上述べてきたように、人間の堕落を知的な面から見れば、それはとりもなおさず、私たち人間が無知に陥ったということを意味する。人間は本性相と本形状の二性性相を持つ神に似せて創造されたので、人間も性相と形状の二性性相を持っている。人間において、性相とは内的な無形的側面であり、形状とは外的な有形的側面である。言い換えれば、人間は（無形なる）心と（有形なる）体との内外両面から成っている。それゆえに、知的な面においても、内外両面の知を持っている。したがって、無知にも内的な無知と外的な無知の二種類があることになる。

　内的な無知とは、宗教的に言えば霊的無知をいう。すなわち人間はどこから来てどこへ行くのか、生の目的とは何か、死後は一体どうなるのか、そして来世や神などというのは本当に存在するのか、さらに、善とか悪とかいうものは一体何なのか、などといった諸問題に対する無知をいう。そして、もう一つの外的な無知とは、人間の肉身をはじめとする自然界に対する無知をいう。すべての物質世界の根本は何であるのか、またすべての自然界の現象は、各々どのような法則によって生ずるのか、などといったような問題に対する無知をいう。人間は有史以来今日に至るまで、無知から知へと真理を探し続けてきた。その知を求め続けてきた過程において、内的無知を克服して内的知に至る道を見いだすべく内的真理を探究してきたのが宗教であり、外的無知を克服して外的知への道を見いだすべく外的真理を探究してきたのが科学なのである。

　このような観点から見れば、宗教と科学は、人生の内外両面の無知を克服して、両面の知に至る道を見いだすべく、両面の真理を探究する手段であったと言えよう。それゆえに、人間が内外両面の無知から完全に解放されて、本心の欲望が指向する善の方向へのみ進み、永遠の喜びと幸せを得るためには、宗教と科学が統一された一つの課題として解決され、内外両面の真理が相通ずるようにならなければならないのである。

126

Ⅳ. 宇宙論と統一思想の和合を目指して

人生行路における二種の路程

　実際の人生の行路において、人間が歩んできた路程は二つに大別できる。その一つは、物質による結果の世界において、人生の根本問題を解決しようとする道である。しかし人間は、果たして肉身を中心とした外的な条件のみで、完全な心の喜びや幸福を得ることができるのであろうか。心があって初めて完全な人間となり得るように、喜びにおいても、心の喜びがあって初めて、肉身の喜びも完全なものとなるのである。

　ところで人間が歩んできたいま一つの路程は、結果的な現象世界を超越して、原因的な本質世界において、人生の根本問題を解決しようとする道である。この道を歩んできた今までの哲学や宗教は多大な貢献をなしたが、しかしながらその反面、それらが私たちにあまりにも多くの精神的な負担を負わせてきたということも、また否定することのできない事実であろう。そして、あらゆる宗教は、暗中模索していたそれぞれの数多くの心霊の行く手を照らし出していた蘇生の光を、時の流れとともにいつしか失ってしまい、今やそのわずかな残光のみが残されているのみである。

　宗教の世界において、キリスト教は2000年の歴史の中で成長し、今や全世界的な版図を持つようになったが、しかしローマ帝国の残虐な迫害の中にあっても、むしろますます力強く生命の光を燃え立たせて、ローマ人たちをして十字架につけられたイエス・キリストの死の前にひざまずかせた、あのキリストの精神は、その後どうなったのであろうか。悲しいかな、中世封建社会は、キリスト教を生きながらにして埋葬してしまったのである。神の愛によってすべての人類を救済しようと叫んで出発したキリスト教が、その叫びのみを残して初代教会の残骸と化してしまったとき、このような無慈悲な世界に神がいるはずがないと、反旗を翻した者たちの唯物思想が現れたのも無理からぬことである。

　キリスト教社会はこのように神を失い、かえって唯物思想が発展した温床となったのである。共産主義者たちは、この温床の中より出発してすくすくと成長していったが、しかし堕落したキリスト教徒たちは、彼らの実践力を凌駕する力を持たず、また彼らの理論を克服できる真理を提示することができなかったために、共産主義が自己の社会から芽生え、

127

育ち、世界的に発展していく状況を、手を束ねたまま眺めていくしかなかったのである。これは甚だ寒心に堪えないことであった。

　それのみならず、今日の社会には人間の努力をもってしてもいかんともし難い一つの社会悪がある。すなわち、淫乱の弊害である。キリスト教はその教理の中で、これはすべての罪の根であるといっているが、しかし今日のキリスト教社会が、現代人の陥っていくこの淪落への道を防ぐことができないということは、何よりも嘆かわしい実情と言わねばなるまい。今日のキリスト教が、このような混乱し、分裂し、背倫の社会に巻き込まれようとしている数多くの生命に対して、手を束ねたまま何の対策をも持たないというこの現実は、一体何を意味しているのだろうか。

　それは、従来のキリスト教の指導者や信徒たちが、現代の人類に対する救いの摂理において、いかに無能であるかという事実を如実に物語っているものである。ではなぜ、内的真理を探し求め、それを伝道してきた宗教人たちが、その本来の使命を全うすることができなくなったその原因は、一体どこにあるのだろうか。ここにおいて私たちは、宗教人たちの修道生活の実情を直視すべき時に至ったのである。

宗教の無能化の二大原因

　この世界の真理には、内外両面の真理があることを前に述べたが、この内外両面の真理に対応する世界が、本質世界と現象世界である。本質世界と現象世界の関係は、人間に例えて言うならば、心と体との関係に等しく、原因的なものと結果的なもの、内的なものと外的なもの、そして主体的なものと対象的なものとの関係をなしている。そして、心と体が完全に一つになってこそ完全な人間、つまり完全な人格をつくることができるように、この世界においても、本質と現象の二つの世界が完全に合致して初めて完全な世界、つまり理想世界をつくることができるのである。それゆえに、心と体との関係と同じく、本質世界を離れた現象世界はあり得ず、現象世界を離れた本質世界もあり得ないのである。つまり、現実を離れた来世はあり得ないのである。それはとりもなおさず、真の肉身の幸せなくしては、その心霊的な喜びもあり得ないということである。

IV. 宇宙論と統一思想の和合を目指して

　しかしながら、今日までの宗教人たちは、心霊的な喜びを求めるために、肉身の幸せを蔑視してきたのである。人間は生活の中で現実を否定することができるはずがなく、そのためにひたすらに肉身的な幸福を求める欲望が、修道者たちを苦悩の谷間へ引きずり込んでいくのである。ここにおいて私たちは、宗教人たちの修道生活の中で、無視することのできないこのような矛盾性があるのを知ることができる。このような矛盾性を内包した修道生活の破滅が、とりもなおさず今日の宗教人たちの生態であり、これが現代の宗教が無能化してしまった主な原因であると思われる。

　さて、宗教が無能化したのには、さらにもう一つの重要な原因がある。それは、科学の発達に伴い、人間の知性が最高度に啓発された結果、現代人はすべての事物に対して科学的な認識をするようになったからである。しかし実際に、旧態依然たる宗教の教理には、全面的に科学的な解明を欠如しているのが現状であり、言い換えれば、内的な真理と外的な真理とが、未だに一致点に到達できないというところに、宗教の無能化のもう一つの重要な原因があるのである。

新しい真理の必要性

　宗教の究極的な目的は、まず心でもって信じ、そしてその信仰を実践することによって初めて達成されるのである。ところで「信じる」ということは、「知る」ことなしにはあり得ないことである。ここで知るということは、すなわち認識するということを意味するのであるが、現代の人間にとって認識というのは、あくまでも論理的であると同時に実証的なもの、すなわち科学的なものでなければ、真に認識することはできないのである。それゆえに、宗教の教理もそれが科学的なものでない限り、真に認識して信じるというのは不可能なことである。このように、現代の私たち人間にとって、信仰生活の目的を達成するためには、その信じる内的真理にも論理的な解明が必要であり、かくして宗教は長い年月を通じて、それ自体が科学的に解明できる時代を追求してきたのである。

　宗教と科学は、人間の内外両面の無知を打開する使命を、各々分担してきたのであるが、しかしその発展の過程において、それらが互いに衝

129

突して、妥協し難い様相を呈してくるようになったのである。しかし人間がこの内外両面の無知を克服して、本心の欲する善の目的を完全に成就するためには、いつかは科学を探し求めてきた宗教と、宗教を探し求めてきた科学とを、統一された一つの課題として解決することのできる新しい真理が現れなければならないのである。

　新しい真理が現れなければならないと主張することは、キリスト教の信徒たちにとっては理解しがたいことかもしれない。それは、キリスト教の信徒たちにとって、その精読している聖書自体が完全無欠なものであると信じているからである。もちろん、真理は唯一であり、永遠不変で絶対的なものであるには違いない。しかし、聖書は真理そのものではなくて、真理を教えてくれる一種の教科書として、各時代の人々に与えられてきたものである。

　したがって、各時代の人々が聖書によって真理を学ぼうとするにあたり、聖書が教示していると思われる真理の範囲やその表現方法は、各時代の人々の考え方に応じて変わらざるを得ないのである。それゆえに、私たちはこのような性格を持っている教科書としての聖書そのものを、不動のものとして絶対視してはならない。既に述べたように、人間がその本心の指向性によって神を求め、善の目的を成就しようとするために、宗教が生まれてきたのである。しかし、今日のいかなる宗教も、現世の人々を死亡の谷間より救いあげ、生命の光のもとへと導き出すだけの能力を持っていないのである。それゆえに、現世の人々を導くためには、今や生命の光を発する真理が現れなければならないのである。

新しい真理の具備すべき条件

　それでは、その新しい真理はいかなる使命を果たさなければならないのだろうか。以下にこの新しい真理が具備すべきいくつかの条件を列挙してみたいと思う。

　この真理は、既に述べたように、宗教が探し求めて来た内的真理と、科学が探し求めてきた外的真理とが、統一された一つの課題として解決され、それによってすべての人々が、内外両面の無知を完全に克服して、内外両面の知に至らしめることができるようなものでなければならない。

IV. 宇宙論と統一思想の和合を目指して

　堕落人間の歩んできたその修道生活において、人間がその邪心の指向する悪への道へ歩んでいくのを遮り、本心の指向する善への道へと歩み進んで、本心の追求する善の目的を成就せしめて、幸せな人生に至ることができるようにせしめるために、この新しい真理は、善悪両面への指向性を持っている人間の矛盾性と、宗教人たちが当面している修道生活の矛盾性とを克服することができるものでなければならない。

　堕落人間にとって、「知ること」は生命の光をもたらすものであり、また蘇生のための力を与えてくれるものである。それに反して「無知」は死の影であり、また破滅の要素ともなるものである。人間が神を離れては生きていけないようにつくられているとすれば、神に対する無知は、人生をとてつもなく悲惨な道に追いやるであろう。しかし神の実在性に関しては、聖書をいかに詳しく読んでみても、明確に知ることはできないのである。ましてや、神の心情についてはなおさらである。それゆえにこの新しい真理は、神の実在性に関することは言うまでもなく、神の創造の心情をはじめとして、神に対して反逆した堕落人間をも見捨てずに、悠久なる歴史の期間を通じて救おうと心を尽くしてこられた神の悲しい心情をも私たちに教えてくれるものでなければならない。

　善悪の二筋の相克する道を歩んできた人類の歴史は、ほとんど闘争に明け暮れたものであった。しかし今日に至って、このような外的な戦いは次第に終わりつつあるのである。とはいっても、私たちの前には、まだ避けることのできない最後の戦いが一つ残っている。それは民主主義と共産主義の両方の世界の間における内的な理念の戦いおよび外的な武力の戦いである。ところで、この最終的な理念の戦いにおいて、神の実在を信じているすべての人々は、民主主義の方に勝利がもたらされるものと信じている。しかし既に論じたように、今日の民主主義は共産主義に打ち勝つ何らの理念も実践力も持ち合わせていないのが現状である。ゆえに、神の救いの摂理が完全に成就されるためには、この新しい真理は、今までの民主世界で主唱されてきた唯心論を、新しい次元まで昇華させ、唯物論を吸収することによって、全人類を新しい世界に導き得るものでなければならない。

　この新しい真理は、心霊的な喜びを求めるために、肉身的な幸を蔑視

131

してきた今日までの宗教人たちが抱えている修道生活における苦悩がもたらす矛盾性を消滅せしめることができるものであり、それと同時にまた有史以来のすべての主義や思想はもちろんのこと、さらにあらゆる宗教までも一つの道へと完全に統一せしめるものでなければならない。

人間が宗教を信じようとしないのは、神の実在と来世の実相とを知らないからである。それゆえに、新しい真理によって、神を知るようになり、霊的事実に直面して、人生の根本目的を永遠の霊的世界におかなければならないと悟るとき、全人類はこの一つの真理によって、一つの兄弟姉妹として、一つの目的地において相まみえるようになるのである。そして、そこにおいて築かれる世界こそ、悠久なる歴史を通じて人生の内外両面の無知から脱却しようともがいてきた人類が、新しい真理の光の中で相まみえ、神を父母として侍り、人々がお互いに兄弟愛に固く結ばれて生きる、そのような世界でなければならない。

したがって、この新しい真理が、人類の罪悪史を清算した新しい時代において、建設するはずの新世界は、罪を犯そうとしても犯すことのできない世界となるのである。罪を犯せば人間は否応なしに地獄に堕ちなければならないという天法を知るなら、あえて罪を犯す人があるであろうか。罪のない世界がすなわち天国であるというならば、堕落した人間が長い歴史の期間をかけて探し求めてきたそのような世界こそ、この天国でなければならない。

この天国は、地上に現実世界として建設されるので、地上天国と呼ばれるのである。ここにおいて私たちは、神の救いの摂理の究極的な目的が、地上天国を建設することにあると結論することができる。これが、人間始祖が堕落する以前の創造本然の世界において、神が建設されようとした世界であり、その世界こそが神の創造目的が成就されるところの地上天国なのである。そして堕落した人間は、無知を打開しつつ、この地上天国を渇望してきたのである。したがってこの新しい真理は、堕落人間がその創造本然の人間へと帰っていくことができるように、神が人間とこの被造世界を創造なされたその目的は一体何であったかということを教え、かつ復帰路程の途上にある堕落人間の究極的な目的が、一体何であるかを知らしめるものでなければならない。

Ⅳ．宇宙論と統一思想の和合を目指して

　聖書にはまた、人間は善悪を知る木の実を取って食べることによって堕落したのであると比喩的に書かれているが、果たして本当にその文字どおりに堕落したのであろうか。もしもそうでないとすれば、堕落の原因は一体どこにあったのであろうか。全知全能の神が、一体どうして堕落の可能性のある人間を創造され、また彼らが堕落するということを知っていながら、どうしてそれをくい止めなかったのか等々、これらの問題は実に長い歴史の期間を通じて思索する人々の心を悩ませてきたものである。それゆえに、この新しい真理は、これらのあらゆる問題を、完全に解明することのできるものでなければならない。

　私たちが、被造世界に秘められている科学性を調べていくと、それらを創造なされた神こそが科学の根本でなければならないと推測することができる。ところで、人類歴史が神の創造目的を成就した世界へと復帰していく摂理歴史であることが事実であるならば、このようなあらゆる法則の主人であられる神が、このように長い復帰摂理の期間を、なんらの計画もなしに無秩序に復帰歴史を摂理なさるはずがない。それゆえに、人類の罪悪歴史がいかに出現し、いかなる公式的な摂理路程を経て、いかなるかたちで終結し、いかなる世界に入るかを知るということは、私たち人間にとって重要な問題となるはずである。それゆえにこの新しい真理は、これらの根本問題を、すべて明白に解いてくれるものでなければならない。

　これらの問題が明確に解明されれば、私たちは歴史を計画し導いてこられた神がいまし給うということを、どうしても否定することができなくなる。また、この歴史上に現れたあらゆる歴史的な事実が、とりもなおさず、堕落人間を救おうとしてこられた神の心情の反映であったということを悟るようになるに違いない。知識人たちは、ただ単純に、イエスが神の子であり、人類の救い主であられるという程度の知識だけでは、到底満足することができないのである。この問題に対するより深い意味を体得するために、今日まで神学界において、多くの論争がなされてきたのである。それゆえに、この新しい真理は、神とイエスと人間との間の創造原理的な関係を明らかにしてくれるものでなければならない。

　それのみならず、今まで難解な問題と見なされてきた三位一体の問題

133

に対しても、この新しい真理により、根本的な解明がなされなくてはならない。そうして、神が人類を救うのに、なぜその独り子を十字架につけねばならなかったのかという問題も、当然解かなければならないのである。さらに加えて、イエスの十字架の代贖によって、明らかに救いを受けたと信じている人々であっても、それ以前と同じく、原罪がそのままその子孫に遺伝されているのである。それゆえに、十字架の代贖の限界は果たしてどのくらいまでなのかということが、大きな問題とならざるを得ないのである。今まで私たちが信じてきた十字架の代贖と、完全なる贖罪との間に、結果として現れた事実の面で不一致があるというこの矛盾を、一体何によって、またいかに合理的に説明することができるのだろうか等々、私たちを窮地に追い込むキリスト教の難問題が、数多く私たちの前に横たわっているのである。それゆえに、私たちが切に待ち焦がれているこの新しい真理は、これらの諸問題に対しても明確に回答を与え得るものでなければならない。

　そしてこの新しい真理は、またイエスがなぜ再臨しなければならないのか。この再臨は、いつ、どこで、いかになされるのか。またその時に、堕落人間の復活はどのようにしてなされるのか。天変地異が起こり、天と地が火によって消滅すると記されている聖書のみ言は、一体何を意味するのか等々、聖書に象徴と比喩によって記されている数多くの難問題を、かつてイエスご自身が直接語られたように、誰もが等しく理解できるように、「あからさまに」（ヨハネ十六・25）解いてくれるものでなければならない。

　このような真理であってこそ、はじめて比喩と象徴とによって記されている聖句を、各人各様に解釈することによって起きる教派分裂を止揚し、それらを統一することができるのである。このように人間を生命の道へと導いていく新しい最終的な真理は、いかなる教典や文献による総合的な研究の結果からも、またいかなる人間の頭脳からも、編み出され得るものではない。それゆえに、聖書に「あなたは、もう一度、多くの民族、国民、国語、王たちについて、預言せねばならない」（黙示十・11）と記されているように、この新しい真理は、あくまでも神の啓示をもって、私たちの前に現れなければならない。

134

Ⅳ．宇宙論と統一思想の和合を目指して

再臨のメシヤによる全人類の救い

しかるに神は、既にこの地上に、このような人生と宇宙の根本問題を解決されるために、再臨のメシヤを遣わし給い、この方によって人類を救いうる天倫の秘密である最終的な新しい真理を明らかにしてくださったのである。その再臨主を遣わされた神は、宇宙における本性相と本形状の調和的主体であり、ご自身の愛して喜ぶ対象として、相似の法則に則ってご自身に似せて人間を創造なされたのである。それゆえに、人間も性相と形状の二性性相を持つ個体として存在するが、人間の性相である心と形状である体とが完全に一致して人格を完成した完全な人間として完成した時には、その求めている幸福な生活は、この新しい真理によって導かれる内的な心の願う幸せが叶えられ、外的な体が必要とする物質が満たされた生活である。論理的に言えばすなわち、心の内的生活を導く宗教と、体の外的生活を満たす科学とが、統一された一つの課題として解決された新しい真理に則って、幸せな生活が実践されるのである。この新しい真理の光が、全人類の救いのために、世界の至る所にまで伝播され、全世界に満ちあふれることを祈ってやまないものである。

２．統一思想より見た宇宙論

神の数理性

聖書の「創世記」の初めに、被造世界の創造が終わるまでに６日、すなわち六段階の期間を要したと記されている。これはまさに、被造世界を構成している各個体が完成されるに際しても、ある程度の期間があったことを意味する。そしてまた、被造世界で起きるすべての現象は、必ずある程度の期間を経過したのちに、はじめてその結果が現れるようになることをも意味している。これは、被造物が創造されるとき、一定の成長期間を経て初めて完成できるように創造されたからである。

ところでこれを具体的に論じれば、被造世界は神の本性相と本形状が「数理的な原則」によって実体的に展開されたものである、というように言い表される。これは、神は「数理性」を持っておられるということ

を表している。数理は、神の内的形状が成り立つための一つの重要な要素である。実際、数理とは数的原理という意味であって、自然界の数的現象の究極的原理をいう。すなわち、内的形状の中に数的現象の根源となる無数の数、数値、計算法などが観念として含まれているのであり、それが数理である。

　神の数理性については、『原理講論』の中で次のようにいろいろと記されている。

　「被造世界は神の本性相と本形状とが数理的な原則によって、実体的に展開されたものである」（『原理講論』、77頁）、「神は数理性を持っておられる」（同上、77頁）、「神は数理的にも存在し給う方である」（同上、444頁）。

　このように、神は数理的な存在であり、被造世界を数理的に創造されたのである。それゆえに、ここで神の数理性について探究してみたいと思う。

三数的存在である神とその創造した世界の三数性

　まず、神は絶対者でありながら、相対的な二性性相の中和的存在であられるので、「三数的存在」である。したがって、唯一なる神に似せて創造された被造物は、その存在様相やその運動、さらにその成長期間などは、みな三数過程を通じて現れるようになるのである。このような被造物の性質を、数理的な観点から、次にもう少し具体的に見てみたいと思う。

　神の創造目的は、家庭的な四位基台を通じて神の愛を実現することにある。すなわち、アダムとエバが神のみ言に従って成長し、完成し、神を中心として夫婦となり、合性一体化して子女を繁殖することであり、そうすることによって、神、アダム（夫）、エバ（妻）、子女から構成される家庭的四位基台が成されて、そこにおいて神の愛（縦的な愛）が充満する家庭が実現されるということに、神の創造目的があったのである。つまり、神、アダムとエバ、そして子女の繁殖という三段階過程を通じて、神の創造目的である家庭的な四位基台が完成するようになっているのである。

IV. 宇宙論と統一思想の和合を目指して

　また、四位基台を造成して円形運動をするには、必ず正分合の三段階の作用を経て、三対象目的をつくり、三点を通過しなければならない。さらに、すべての被造物が完成するにあたっても、その成長期間は、蘇生期、長成期、完成期の秩序的三段階を通じて初めて完成するようになる。つまり、成長期間は数によって決定づけられているのである。言葉を換えて言えば、成長期間とは数を完成する期間であるといえよう。そして成長期間を経て完全に完成した人間は神に直接主管され、また万物世界は完成した人間に直接主管されるようになる。つまり、成長期間は間接主管圏であり、秩序的三段階を経て完成したら直接主管圏に入ることになるのである。

　ところで、人間や万物の世界を拡張して全宇宙を考えたとき、全宇宙の進化も同様に三段階を経過するはずである。通常、宇宙の進化というように言われるが、それよりも私は宇宙の発展または宇宙の成長という言い方をするのが妥当ではないかと思う。ともあれ、全宇宙を一つの被造物として考えた場合、その成長も秩序的三段階に分けて考えられよう。

　つまり、宇宙の誕生からビッグバンまでのインフレーションの期間が蘇生期であり、ビッグバンから宇宙の晴れ上がりまでが長成期、そして宇宙の晴れ上がりから地球の形成までが完成期であると考えられよう（図4－1参照）。

　そして、宇宙の誕生から地球の形成までの期間、つまり宇宙の成長の蘇生期、長成期、完成期の秩序的三段階の期間は、宇宙の成長期間であるので、神の間接主管の下にある間接主管圏であると考えられる。また、地球が形成されたことは、人間が生まれることのできる環境が整ったということで、神の創造目的から見たら宇宙が完成した、つまり万物や人間を含めた全宇宙が完成して神の直接主管圏に入るものであると考えられよう。

　ところで、宇宙の発展の歴史において、インフレーションが起きたということは、宇宙がものすごい速さで一気に膨張したことを指していうが、宇宙開闢後まもなく起きたインフレーションを引き起こした源はいったい何であるか、という問いに対しては未だにはっきりした答えはなく、さまざまな仮説が立てられている。その中で最も有力なのは、その源は

図4-1　インフレーションから始まった宇宙の歴史

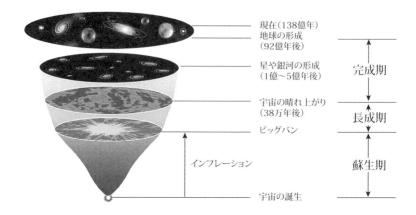

（荒船良孝『宇宙の真実』宝島社、13頁より）

「真空のエネルギー」の働きによるものであるという説である。生まれたての宇宙空間には「真空のエネルギー」が満ちあふれていて、このエネルギーが空間を斥けあい、空間を押し広げるというのである。

真空のエネルギーには、私たちの知っているいろいろなエネルギーとは違った特徴がある。このエネルギーは、空間を膨張させるが、どんなに空間が膨張しても薄くならず、エネルギー密度が変わらない。つまり空間が膨張すると体積に比例してエネルギーが増加するというのである。そして、この莫大なエネルギーが、現在の宇宙のすべてのエネルギーや物質の源であるという。統一思想によれば、神の本形状は前エネルギーであり、この前エネルギーが万物を形成し、個体の間の授受作用を引き起こす源であるという。ということは、この前エネルギーが、宇宙空間に満ち溢れて空間を膨張させている「真空のエネルギー」の源であるということを意味しているものと考えられよう。

さて、「真空のエネルギー」によってインフレーションが始まったが、このときの宇宙は超高温の世界であり、インフレーションが終わると、宇宙はこの間の急膨張のために冷え、それによってこの時に膨大な量の熱が解放されたのである。この熱で宇宙は超高温の火の玉となった。これが「ビッグバン」である。前に述べたように、この宇宙の始まりから

IV. 宇宙論と統一思想の和合を目指して

ビッグバンまでのインフレーションの期間が、すなわち宇宙の成長期間の蘇生期となる。

そして、宇宙開闢から約38万年たった頃、宇宙はさらに冷えて温度は約3×10^3Kにまで下がり、それと同時に宇宙空間内の電子の熱運動エネルギーも低下し、それまで自由に飛び回っていた電子の動きが鈍くなった。するとこのとき、マイナスの電荷を持つ電子は、プラスの電荷を持つ原子核に引きつけられ、ついに原子核に捕らえられる。原子の誕生である。こうして原子が生まれると、宇宙の有様も一変し、飛び回る電子によって遮られ、散乱していた光が空間を直進できるようになり、光が遠くまで届くようになったのである。これが「宇宙の晴れ上がり」である。この宇宙の晴れ上がりの様子は、「宇宙背景放射」と呼ばれる微弱な電波として現在でも観測することができる。ビッグバンからこの宇宙の晴れ上がりまでの期間が、宇宙の成長期間の長成期である。

宇宙の晴れ上がりが終わり、次に宇宙の成長期間の完成期に入るが、この完成期の中でも、宇宙開闢から1～2億年の間は、宇宙にはビッグバンで生まれた水素とヘリウムのガスが充満し、ほぼ均一に広がっていた。しかし、完全に均一だったわけではない。実は、インフレーション初期には、時間や空間がゆらゆらとゆらいでいて、そのゆらぎによって、わずかにガスの密度が濃いところと薄いところができていたのである。

やがて、宇宙のガスは重力によって引き合って密度の高いところに集まりだした。そしてこの集まりだした水素とヘリウムのガスは、初めは雲のように漂っていたが、ガス自身の重力によって徐々に収縮が起こり、やがて球状になったが、ガスはさらに圧縮され続け、密度が高まると、中心の温度が上昇し、電子の熱運動エネルギーが再び増加した。そして、そのために電子は原子核から離れていった。こうしてできた原子核は集まり合って原子核の塊となり、そして温度はさらに上昇し、1500万Kになった頃、ついに核融合を開始し、光を放ち始めた。星の誕生である。

このようにしてできあがった星が集まって銀河を形成した。今のところ、銀河の数はおよそ1000億あるといわれている。私たちの地球が属している銀河系もその中の一つとして、宇宙開闢から20億年ぐらいたった頃に誕生したものと推定されている。銀河では、たくさんの星が生ま

139

れ、そして死んでいったのであるが、天然にあるおよそ90種の元素は、これによって生み出されたのである。

さて、宇宙開闢から90億年たった頃、私たちの銀河系で、ある星が一生を終え、超新星爆発を起こして、宇宙に元素をまき散らし、さらにその衝撃波で宇宙に漂うガスやチリを歪めた。こうしてかき回された物質は次第に集まりだし、重力によって固まっていった。原始太陽の誕生である。

一方、原始太陽の周りにとり残されたガスやチリは、渦を巻いて円盤状になって漂っていたが、やがて太陽の重力とガスやチリ自体の遠心力によって、徐々に太陽の周りの同一平面を回り始めた。するとこれらのガスやチリ同士が、重力によって集まりだし、衝突・集積を繰り返して小さな天体となった。微惑星の誕生である。

このとき、太陽の近くには重い元素から成る微惑星が集まり、遠くには主に軽い元素を主成分とする微惑星が集まった。やがてこれらの微惑星がさらに衝突・集積を重ねて、より大きな天体となった。惑星の誕生である。

微惑星が集積・合体を繰り返して、地球が誕生したのは、宇宙の誕生から約92億年後、今から約46億年前だったと推定されている。当時の地球は、微惑星の衝突や重力による圧縮などのエネルギーで大変に熱く、金属や岩石がドロドロに溶けたマグマの海であった。このマグマの中で、物質は自由に漂っていたが、重い物質はやがて地球の中心に沈んで核をつくり、より軽い物質が一層一層と核を取り巻き、そしてもっと軽いガスが地球の表面を取り巻いて原始大気となった。

地球表面に原始大気が生まれると、温室効果によって地球はますます熱くなった。すると、岩石などに含まれていたガスが熱で飛び出し、大気中に放出され、これによって地球の表面は数百気圧で1300℃という灼熱の世界となった。

灼熱の世界となった地球も、時がたつにつれて徐々に冷え始めた。大気が対流することで、地上の熱が宇宙空間に放出され、地球表面の温度が300℃ほどになり、地殻が固まり出した。さらに大気上層の水蒸気が冷えて水となり、雨となって地上に降り注いだ。大地は300℃と高温で

IV. 宇宙論と統一思想の和合を目指して

あり、気圧も約200気圧と高いので、水の沸点も高く、雨はあまり蒸発しなかった。また蒸発した水蒸気も上空で冷やされて、再び雨となって地上に降り注いだ。このようにして地上に海ができ、上空にかかっていた厚い雲は取り払われ、空は晴れ上がった。

地球はこのようにして形成されたのである。宇宙の晴れ上がりからこの地球の形成までの期間が、前に述べたように、宇宙の成長期間の完成期となる。以上で、人類の住む大地を含む宇宙が、このように秩序的な三段階を経て完成されたのである。

地球は「水と生命の惑星」

私たち人類が住む地球は、太陽系の天体の中でただ一つの「水と生命の惑星」である。つまり、太陽系の天体の中で、表面に海が存在する唯一の「水の惑星」であり、また同時に数えきれないほどの多くの生命が存在する「生命の惑星」でもある。生命が誕生し、活動するためには、三つの要素がなければならない。すなわち、有機物、液体の水、エネルギーの三つの要素がそろう必要がある。有機物は生命の体をつくる材料となり、液体の水は有機物が化学反応を起こす場として重要であり、そこでエネルギーが供給されることで、生命が生まれ、そして活動するためのエネルギーを得ることができるからである。

地球に誕生した生命は、その後長い年月をかけて徐々に進化し、簡単な単細胞のものから、複雑な多細胞生物へと変わっていった。そして、約4億8000万年前に、脊椎動物が現れ、約4億5000万年前に生物は陸上に上陸した。この頃までに、大気圏上空にはオゾン層が生まれ、有害な紫外線が地上にあまり降り注がなくなっていた。これが、生物の地上への進出を後押ししたのである。そして地上で、植物や動物が繁栄し、だんだんと進化して、ついに約450万年前に人類が誕生したといわれている。

ともあれ、地球に「最初の」生命がどのようにして誕生したのかは、未だに謎のままである。しかし、生命の誕生に水が果たした役割は計りしれないほど大きかったということは、確実に言えると思う。水は他の液体に比べて、物質との授受作用によって、たくさんの物質を溶かし込

141

むことができるのである。地球表面は71％が海で覆われているのが大きな特徴であるが、その海には地球上に存在するほぼすべての種類の元素が溶け込まれていると言われている。その溶け込んだ物質同士が出合い、化学反応を繰り返すことによって、生命のもととなった有機物の分子がつくられたと思われている。

　つまり、地球に水があったからこそ生命が生まれ、現在に至って人類が繁栄するようになったのであるが、しかし長期間にわたって惑星である地球に水があり続けるのは、奇跡的なことである。では、どうして地球に水があり続けたのだろうか。言葉を換えて言えば、地球にどうして海ができたのだろうか。それは、太陽や地球、大気などの絶妙な組み合わせの上に成り立っているのである。

　その理由として、まずは地球が太陽からほどよい距離にあったということがある。地球は太陽からほぼ1億5000万km離れている。この距離は、ちょうど太陽のハビタブルゾーン（生命居住可能領域）に入るのである。地球が太陽に近すぎると、水は蒸発し、遠すぎると凍ってしまう。地球の表面に液体の水が存在するためには、太陽から適度に熱や光が届くのにちょうどよい距離、つまりハビタブルゾーンの領域に位置する必要があるのである。

　そして、二つ目の理由は、地球が岩石惑星であり、ちょうどよい大きさであったことである。地球が現在より小さければ、重力がより弱くなってしまうので、40億年以上も大気や海などを、とどめておくことができなかったであろう。また地球がガス惑星であったら、水が存在し、雨が降ったとしても、それを受け止める地殻がないので、海はできなかったはずである。

　そのほかにも理由として、例えば太陽からやってくるエネルギーの地球における反射率、地球大気の温室効果による気温の安定化、地球の大気圧と水の沸点とのバランス等、ちょうどよい幾つかの条件の組み合わせによって、地球に長らく水が液体としてとどまることができて、地球が「水の惑星」となることができたのである。そして長らく続けて水があったからこそ、前にも触れたように「生命の惑星」となることができたのである。

142

Ⅳ. 宇宙論と統一思想の和合を目指して

人間が三種の活動で築いた社会

　ところで、人間はこの「水と生命の惑星」上で生活しているが、この惑星で、人間は水中で泳ぎ、地上で二足歩行し、そして空中では機械を利用して飛び回ることができる。つまり人間は泳ぎ、歩き、飛ぶという三種類の活動をすることができるのである。これも一種の三数的な事実であるといえよう。

　ともあれ、人間は地上で直立二足歩行をするのが主要な生活活動であるが、二足歩行は重い脳の維持を可能とするとともに、二本の手を自由に使うことを可能にする。これが急速に脳を発達させる原因となったのであると思われている。そしてこのようにして発達した脳の働きにより、人間は言語を獲得し、道具を発明、使用し、文明を築き上げて地球上のあらゆる地域に広がっていった。そしてさらに、科学技術を発展させることによって、現在、高度な文明社会をつくっている。

　人間社会がこのような進歩を遂げることができたのは、宇宙や地球のマクロの世界において人間は、統一原理で述べられているように、神によって天宙を総合した実体相として創造されたからである。『原理講論』（84頁）によれば、人間の「霊人体」は無形世界を総合した実体相であり、「肉身」は有形世界を総合した実体相である。それゆえに、人間は天宙を総合した実体相となる。よく人間を「小宇宙」というが、その理由はここにある。

物質に表れた三数的現象

　ところで、完成した人間によって主管される地球上の物質は、例えば水のように、個体としての氷、液体としての水、気体としての水蒸気というように、すべての物質は個体、液体、気体の三つの状態がある。これも一種の三的現象であるといえよう。物質の本質とは何かという探究をするのに、普通は物質をずっと細分し続けていって、その基本的な構成要素を調べる方法を取るが、その結果、マクロの世界にある普通の大きさの物質のレベルから、分子・原子のレベルへ、そしてさらにクォークやレプトンのレベルへというように、三段階を経て探究しているもの

と考えることができるのではないだろうか。また、物質を構成している素粒子にはクォークとレプトンのほかに、ボソンがあり、合わせて三種類となる。つまり、物質をつくる粒子としてのクォークとレプトン、そして力を伝える粒子であるボソンの三種類がある。これも一種の三数的現象であるといえよう。

ところで、元素の最小構成要素である原子は、正の電荷を持つ原子核と、負の電荷をもち原子核の周りに束縛されている電子とから成るシステムである。そして、その中の原子核は正の電荷を持つ陽子と電気的に中性である中性子とによって構成されている。つまり、原子を構成している要素は、陽子、中性子、電子の三種類の粒子である。これも一種の三数的現象であるといえよう。

そして、陽子と中性子は、各々三つのクォークによって構成されているので、これも一種の三数的現象であるといえよう。また電子はレプトンに属するので、素粒子のレベルでいえば、元素の最小構成要素はクォークとレプトンである。それゆえに、クォークとレプトンを合わせて「物質粒子」という。つまり、物質粒子とは、物質を構成する最も基本的な粒子であり、クォークとレプトンがこれに属するということである。通常この二つの粒子を合わせてフェルミオン（フェルミ粒子）と呼んでいる。物質粒子であるフェルミオンはスピンが半整数であり、それと相対する力を伝える粒子であるボソン（ボース粒子）はスピンが整数である。このように、スピンによってフェルミオンとボソンを区別することもある。

さて、この世界は階層構造を成しているが、このことを粒子が物質を構成しているという観点からいえば、物質粒子は「世代構造」があるとも言えよう。物質粒子のクォークとレプトンは各々二つずつ対をなして一つの「世代」をつくり、その世代は三つある。これも一種の三数的現象であるといえよう。

クォークについて言えば、第一世代を構成しているのはアップクォークとダウンクォークであり、第二世代はチャームクォークとストレンジクォーク、そして第三世代はトップクォークとボトムクォークである。またレプトンについていえば、第一世代は電子と電子ニュートリノ、第二世代はミュー粒子とミューニュートリノ、第三世代はタウとタウニュー

144

Ⅳ．宇宙論と統一思想の和合を目指して

トリノによって構成されている（図4－2参照）。

　ところで、各々のクォークは"赤・緑・青"の三色のいずれかの「カ
ラー荷」を持っているが、これも一種の三数的現象であるといえよう。
もっとも色といっても、クォークに普通の意味での色がついているわけ
ではない。赤・緑・青は光の三原色であり、この三色が混ざり合うと白
になる。また、どの色も補色と混じると白になる。ところで、クォーク
は常に白くなるように振る舞うのである。赤・緑・青の三つのクォーク
が結合してバリオンを形成するか、またはある色のクォークがその補色
を持つ反クォークと結合してメソンを形成するが、これらを合わせてハ
ドロンと称する。

　ハドロンはギリシャ語で「強い」という言葉に因む術語であるが、クォー

図4－2　物質粒子の世代構造

クォーク						レプトン	
電荷	質量		赤	青	緑	質量	電荷
第一世代							
+2/3	アップ	2.3 MeV	u	u	u	●電子 ニュートリノ　＜2eV	0
-1/3	ダウン	4.8 MeV	d	d	d	●電子　0.511 MeV	-1
第二世代							
+2/3	チャーム	1.27 GeV	c	c	c	●ミュー ニュートリノ	0
-1/3	ストレンジ	95 MeV	s	s	s	●ミュー 粒子　0.105 GeV	-1
第三世代							
+2/3	トップ	178 GeV	t	t	t	●タウ ニュートリノ	0
-1/3	ボトム	4.18 GeV	b	b	b	●タウ　1.78 GeV	-1

（レーダマン、ヒル『量子物理学の発見』文藝春秋、137頁より）

145

クのカラー荷による結合が「強い力」と呼ばれることに由来している。ところで、クォークには「クォークの閉じ込め」と呼ばれる現象がある。それは、単独のクォークを分離しようとすると、そのエネルギーによって、新たなクォークが生まれてしまうという現象である（図4-3参照）。

さて、この宇宙において、マクロの世界およびミクロの世界の中に存在する三数的現象の実例を各々若干見てきたが、これは前に述べたよう

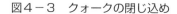

図4-3　クォークの閉じ込め

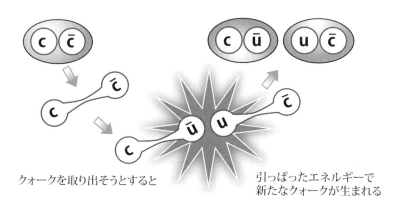

クォークを取り出そうとすると　　　　引っぱったエネルギーで
　　　　　　　　　　　　　　　　　　　新たなクォークが生まれる

（富永裕久、佐藤勝彦『目からウロコの宇宙論』PHP研究所、163頁より）

に、神が三数的存在であり、被造世界はそのような神に似せて創造されたがゆえに生じた現象である。

人間の歩んだ三数的路程

ところで人間社会における現象については、特に聖書に記されている現象について、例を挙げて少し見てみようと思う。さて人間は、成長期間の秩序的三段階を完成できずに堕落し、創造目的を達成することができなかった。それでこの目的を再び達成するために復帰の路程を歩んだのであるが、その路程においても、この三段階を通過しなければならない。それゆえに、復帰摂理は三数を求める摂理がなされたのである。したがって、聖書には多くの三数を中心とした摂理が記録されている。その多くの摂理の中で、『原理講論』には例えば次のような数多くの例を挙げている。

IV. 宇宙論と統一思想の和合を目指して

『原理講論』の中に挙げられている三数的現象の例には、父、子、聖霊の三位、楽園の三層、ルーシェル、ガブリエル、ミカエルの三天使、箱舟の三層、ノアの洪水のときの三次にわたる鳩、アブラハムの三種の供え物、イサクの献祭の三日間、モーセの三日間の闇と禍い、出エジプト路程のための三日間のサタン分立期間、カナン復帰のための三次にわたる 40 年期間、ヨルダン川を渡る前のヨシュアを中心とするサタン分立の三日期間、イエスの三十年私生涯と三年の公生涯、三人の東方博士、彼らの三つの貢物、三弟子、三大試練、ゲツセマネでの三度の祈り、ペテロのイエスに対する三度の否認、イエスの死の前の三時間の闇と三日目の復活など、数多くの例を挙げている。

ところで、これらの三数的期間の歴史における三数の原理的意義であるが、前に述べたように、二性性相の中和的主体であられる神は三数的存在であり、そして被造物の完成は神と一体となり四位基台を造成することを意味するので、人間において「個性体」として完成するためには、神を中心として心と体とが三位一体となり四位基台を造成しなければならないし、また「夫婦」として完成するためには、神を中心として男性と女性が三位一体となり四位基台を造成しなければならない。そして「被造世界」が完成されるためには、神を中心として人間と万物世界が三位一体となり四位基台を造成しなければならない。被造物がこのように完成するためには、成長期の三期間を経て、三対象目的を完成しなければならない。それゆえに、三数を「天の数」または「完成数」とも称するのである。以上で、人間社会における三数的現象についての検討を終えて、次に四数的現象について見てみたいと思う。

神の創造目的は四位基台の形成

神の創造目的は家庭的四位基台を通じて、神の愛を実現することにある。すなわち、神、アダム（夫）、エバ（妻）、子女から成る家庭的四位基台を形成して、そこにおいて神の愛（縦的な愛）が充満する家庭を実現することにあったのである。しかしアダムとエバの堕落によって、神を中心とした家庭的四位基台ができなくなり、その代わりにサタンを中心とした家庭的四位基台が形成され、全被造世界がサタン主管圏に入っ

てしまった。したがって、神の縦的な愛を中心とする家庭的四位基台を復帰することが、復帰歴史の中心的な目的となったのである。

人間の復帰路程は四数復帰の歴史

そこで、四位基台を復帰するために、神はまず「四数期間」をもって、象徴的、条件的な摂理をなされた。これを「四数復帰の法則」という。ここで四数期間は、40日、40年、400年などの期間を意味する。この期間はサタンによって混乱が引き起こされる期間であって、その間、神側の人々は苦しみを受けるようになる。その例として、ノアの40日間の洪水、モーセの荒野路程40年、イエスの断食40日と復活40日、キリスト教徒に対するローマ帝国迫害時代400年などが挙げられる。

四数復帰の法則は、イスラエル民族の歴史にのみならず、その他の民族や国家の歴史においても適用されている。その例として、ギリシャ、ローマ文明の時代におけるペロポネソス戦争からローマの統一までの400年（前431-31年）、中国の歴史における春秋戦国時代から秦、漢帝国による統一までの約400年（前634-221年）、日本の歴史における鎌倉、足利時代の封建的な無政府状態から豊臣秀吉が全国を統一し、徳川幕府の成立に至るまでの約400年（1185-1603）などの例を挙げることができる。

復帰歴史の数理性とその原理的意義

ところで、これらの四数的期間の歴史における四数の原理的意義についてであるが、ある主体と対象とが、神を中心として合性一体化し、三位一体をつくるとき、その個性体は四位基台をつくり、東西南北の四方性を備えた被造物としての位置を決定するようになる。このような意味から、四数を「地の数」とも称するのである。

被造物が、このように三段階の成長期間を経て四位基台をつくり、時間性と空間性を持つ存在として完成されれば、天の数と地の数とを合わせた「7数完成の実体」になる。天地創造の全期間が7日になっている原因もここにあったのである。そして、創造の全期間を一つの期間として見れば、それは「7数完成期間」となる。すなわち、いかなるものでも、その完成されるまでの一つの期間を、7数完成期間と見ることがで

きるということである。

それゆえに、成長期間を形成する三つの期間、すなわち蘇生段階、長成段階、完成段階の各段階が完成される期間を、各々一つの期間として見れば、これらの期間は各々7数完成期間になるのである。そして、全成長期間は合わせて、すなわち三つの段階の7数完成期間を合わせて、合計21数の完成期間となる。

復帰摂理の中心人物として立てられた人たちは、この21数の蕩減期間を復帰しなければならないのである。その例として、ノアの洪水期間に、神がノアをして三回にわたって鳩を放つようにさせたが、その期間を各々7日間にしたので、その全期間は21日となったこと、またヤコブが家庭的カナン復帰路程を立てるために、ハランへ行ってから再びカナンに帰ってくる摂理の期間を立てるときにも、7年ずつ三次にわたって21年を要したこと等を挙げることができる。

ところで、成長期間の三段階の各期間が、さらに各々三段階に区分されれば、9段階になる。9数の原理的根拠はここにあるのである。そして、神の二性性相の数理的展開によって、その実体対象として分立された被造物は、成長期間の9段階を経て、第10段階である神の直接主管圏に入り、神と一体になって初めて創造目的を完成するようになる。それゆえに、10数は「帰一数」と呼ばれる。10数復帰の摂理の例として、例えば、神はアダム以後「10代目」にノアを選ばれて、アダムを中心として完成なさろうとされたみ旨を、ノアを中心として神側へ再復帰させようとなされたのであるが、これは10数復帰の蕩減期間を立てさせるためであったのである。

元来、数理的に存在し給う神によって、人間始祖であるアダムとエバは、数理的な成長期間を経たのちに、信仰基台を立てて、数理的な完成実体となるように創造されたのであるが、では未完成期のアダムとエバは、いかなる数による信仰基台を立て、いかなる数理的な完成実体となるべきであっただろうか。

創造原理によれば、四位基台を造成しないで存在できる存在物は一つもない。したがって、未完成期にあったアダムとエバは、四位基台を造成することによって存在していたのである。この四位基台は、その格位

で各々成長期間の三段階を経て、合計12数の数理的な成長期間を完成し、12対象目的をつくるようになるのである。したがって、アダムとエバが信仰基台を立てるべきであった成長期間は、すなわち12数完成期間である。

　しかし、アダムとエバは堕落することによって、この12数完成期間はサタンの侵入を受けたので、復帰摂理路程において、これを蕩減復帰する中心人物は、12数を復帰する蕩減期間を立てなければならなかった。その例を挙げれば、ノアの箱舟をつくる期間120年、モーセを中心とするカナン復帰摂理期間120年、アブラハムが召命されたのちヤコブがエサウから長子の嗣業を復帰できる蕩減条件を立てるまでの120年などが挙げられよう。また、この期間を蕩減復帰するための、旧約時代における統一王国時代120年と新約時代におけるキリスト王国120年なども、みなこの12数を復帰するための蕩減期間であったのである。

　ところで、成長期間はまた40数完成期間でもある。ゆえに堕落前の未完成期にあるアダムとエバは、40数による信仰基台を立てて、創造目的を完成することにより、40数完成実体とならなければならなかったのである。しかし彼らの堕落により、これにサタンの侵入を受けたので、復帰摂理歴史路程における中心人物は、この40数を復帰する蕩減期間をまず立てなければならなかったのである。

　では、どうして成長期間が40数完成期間となるのだろうか。前に述べたように、すべての被造物は成長期間の9段階を経て、第10段階である神の直接主管圏に入り、神と一体となって初めて創造目的が完成されるのである。それゆえに、アダムとエバを中心とする四位基台は、その格位が各々成長期間の10段階を経て、合計40数の数理的な成長期間を完成することによって、初めて40数完成実体基台となるのである。これが、成長期間が40数完成期間となる理由である。復帰摂理歴史路程におけるこのような40数完成期間の例として、ノアのとき、箱舟がアララテ山にとどまった後、鳩を放つまでの40日期間、モーセのパロ宮中40年、ミデアン荒野40年、民族的カナン復帰の荒野40年などが挙げられる。

　以上の蕩減復帰摂理路程の諸々の歴史より、これらの路程における

IV. 宇宙論と統一思想の和合を目指して

40数は、二つの性格を持っていることがわかる。その一つは、堕落人間が4数を蕩減復帰するとき、これに帰一数である10数が乗ぜられてできた40数である。そしてもう一つは、堕落前のアダムが立てるべきであった成長期間の40数を蕩減復帰するためのものである。ゆえに、民族的カナン復帰の荒野40年は、モーセのパロ宮中40年と、ミデアン荒野40年を蕩減復帰する期間であると同時に、偵察40日を、したがってモーセの断食40日を蕩減復帰する期間でもある。したがってこの40年と40日期間は、互いに性格を異にする二つの40数を、同時に蕩減復帰するものなのである。

そして、もしもこの40数を蕩減復帰する摂理が延長されるときには、それは10段階原則による蕩減期間を通過しなければならないので、40数は、10倍数による倍加原則に従って400数、または4000数に延長されるのである。このような原則に相当する例として、例えば、ノアからアブラハムまでの400年、エジプト苦役400年、アダムからイエスまでの4000年などが挙げられる。

ところで、神はアダムより10代、1600年目にノアを選ばれて信仰基台を復帰するための中心人物として立てたのであるが、ここで10代と1600年はいかなる数を復帰する蕩減期間としての意義を持っているのかということについて考えてみたいと思う。

まず10代についてであるが、前に述べたように10数は帰一数であり、また成長期間は10数完成期間でもあるので、人間始祖はこの10数完成期間を、自分自身の責任分担で遂行して、10数完成実体とならなければならなかった。しかし彼らの堕落により、これらのすべてはサタンの侵入を受けたので、これらを蕩減復帰するための中心人物を立てて、10数を復帰する蕩減期間を立てさせなければならなかった。そのために、神はアダムから10代目にノアを召命なさり、復帰摂理の中心人物として立てられたのである。

また1600年についてであるが、人間始祖は40数完成の成長期間を通過しない限り、40数完成実体になれないので、堕落人間はアダムが立てるべきであった40数を復帰する蕩減期間を立てなければ、蕩減復帰のための四位基台をつくる復帰摂理の中心人物にはなれないのである。

151

したがって、四位基台の各位が40数を復帰する蕩減期間を立てなければならず、それらを合わせると40数に4を乗じて、160数を復帰する蕩減期間となる。そして、これに帰一数として、この160数の蕩減期間を10代にわたって立てなければならないので、これらを合わせて1600年を復帰する蕩減期間となるのである。

　神がアダムから10代と1600年目にノアを選ばれるようになったのは、堕落人間はこのような10代と1600年を復帰する蕩減期間を立てなければならなかったからである。そして神が、このようにして召命されたノアをして40日審判期間を立てるようになされたが、これは10代と1600年による数理的な蕩減復帰の全目的を成就なさるためであったのである。

　ところが、この摂理において、ハムの過ちによりこの40日審判期間が再びサタンの侵入を受けたので、神は復帰摂理を担当した中心人物をして、これを復帰する蕩減期間を立てさせるようになさらなければならなかった。そして、アダムからノアまでの10代の間、各代ごとに160数を復帰する蕩減期間を立てさせたのと同様に、それと同時性の時代であるノアからアブラハムまでの10代も、各代ごとに審判40数を復帰する蕩減期間として立てていかなければならなかったのである。

　しかし、一代の蕩減期間を40日として立てることはできないので、審判40日の失敗を40年期間として蕩減するために、神は40年を一代の蕩減期間として立てられたのである。このように一代を40年の蕩減期間として立たせる摂理が10代にわたるので、その全蕩減期間は400年となったのである。つまり、ノア家庭を中心とする復帰摂理が失敗した後に、ノアから10代と400年目に、さらにアブラハムを選ばれて中心人物に立たせた。したがって、ノアからアブラハムまでの時代は、アダムからノアまでの時代を、代数を中心として蕩減復帰する同時性の時代であったのである。

　ところで、復帰摂理を担当する人物として立てられた中心人物は、まず「信仰基台」を復帰しなければならないが、そのためにはいかなる数理的な蕩減期間を立てなければならないのかを、ここで総合して見てみようと思う。

Ⅳ. 宇宙論と統一思想の和合を目指して

　元来、人間始祖は堕落しないで、12数・4数・21数・40数などによる信仰基台を立てて、創造目的を完成し、このような数の完成実体にならなければならなかった。しかし彼らの堕落により、これらのすべてのものがサタンの侵入を受けたので、復帰摂理歴史路程において、これらを蕩減復帰する中心人物は、12数・4数・21数・40数などを復帰する数理的な蕩減期間を立てなければならなかったのである。

　つまり、神は数理的な存在であり、被造世界を数理的に創造されたのである。それゆえに、人間は元来、数理的な実体になるべきであった。そして、そのためには上述のように、12数・4数・21数・40数などによる信仰基台をまず立てなければならなかったのである。

復帰歴史の数理性の総整理

　これらの数は、神によって数理的に創造された宇宙（被造世界）に存在する基本的な数によって形成されたものである。これらの基本的な数とは、これまで探究してきた蕩減復帰の歴史の中に現れている数であるが、これらの数について、Ⅳ-2「統一思想より見た宇宙論」の結びとして、次に総整理をしよう。

　まずは「天の数」または「完成数」である"3数"、次に「地の数」である"4数"、そして「天の数」と「地の数」を合わせて「7数完成実体」や「7数完成期間」を表す"7数"、また三段階の各期間をさらに三段階に区分して9段階にした"9数"、そして第10段階に神の直接主管圏に入ることを表す「帰一数」としての"10数"、また四位基台の各位が三段階の成長期間である数理的な「12数完成期間」を経て完成することを表す"12数"、そして三段階の7数完成期間を合わせた「21数完成期間」を表す"21数"、最後に二つの性格を持つ数で、その一つは4数蕩減復帰期間に帰一数を乗じて得られる40数と、もう一つはアダムの立てるべき成長期間の完成を表す40数という二つの性格を持っている"40数"などの数があり、これらは被造世界が持っている数理性を示している諸々の数である。

　以上で、宇宙（被造世界）が持っている一つの重要な性質である数理性についての探究を終えて、次に宇宙の発展してきた歴史について調べ

153

ていきたいと思う。

3. 宇宙の発展してきた歴史―過去、現在、未来の宇宙

宇宙の変遷史

　現代の宇宙論によると、宇宙は「無」のゆらぎから始まったと考えられている。つまり、物質やエネルギーはもちろん、時間や空間さえも存在しない、そんな「無」から宇宙は始まったというのである。別の表現で言えば、そんな「無」のゆらぎから宇宙が始まり、時間と空間、そしてエネルギーと物質が生まれたというのである。

　このように「無」から誕生した宇宙の、過去から発展して現在に至り、さらに現在から未来へと発展していくであろうその宇宙の行方について、若干の区間に分けて、その変遷の歴史を次に展望してみたいと思う。

（a）たった 10^{-44} 秒の「プランク期」

　誕生してから 10^{-44} 秒までの宇宙は、プランク期と呼ばれ、このときの宇宙はプランク長さ（1.6×10^{-35} メートル）程度の大きさであったと考えられている。プランク長さとは、空間が取りうる最小の大きさである。つまり、空間はプランク長さより細かく分けることができない。それゆえに、プランク期である 10^{-35} メートルの宇宙というのは、存在可能な最小の宇宙ということになる。

　さて、量子論によれば、非常に短い時間、超ミクロの世界では、時間や空間、エネルギーは一定の値を取れないと考えられている。つまり、宇宙の始まったという「無」の状態でも、時間やエネルギーなどの値がそろってゼロであるというわけではなく、「ゆらぐ」のである。「無」のゆらぎとは、時間と空間の区別もない世界で、超ミクロの宇宙が生まれては滅び、滅んでは生まれ、ゆらりゆらりと現れては消えていくということである。

　ところが、今からおよそ138億年前に、そのゆらぎが突然 10^{-35} メートルの宇宙としてポロリと出現し、時間が流れ始めたのである。この宇宙がプランク期宇宙であり、10^{-35} メートルというのは前に述べたように、

154

Ⅳ．宇宙論と統一思想の和合を目指して

空間の取り得る最小の大きさである。それゆえに、宇宙は誕生時にゼロからいきなり 10^{-35} メートルの大きさにならなければならないということになる。

宇宙はもともとポテンシャルエネルギーを持っており、10^{-35} メートルの大きさで生まれた宇宙は、そのポテンシャルエネルギーを運動エネルギーに変えて膨張していく。ところで、宇宙が誕生時にゼロからいきなり 10^{-35} メートルの大きさにならなければならないということは、10^{-35} メートルの大きさになるまでは、宇宙は存在が許されないということである。これをエネルギーの観点から言えば、宇宙はポテンシャルエネルギーを持ちながらも、さらにエネルギーをため込んで大きくなって、初めて越えなければならないエネルギーの山であるエネルギー障壁を越えて、プランク長さの宇宙として出現したということである。

ミクロの粒子が、本来越えられないはずのエネルギー障壁を通り抜ける現象を「トンネル効果」というが、ビレンケン（ウクライナ生まれの物理学者）は、宇宙がこのトンネル効果で生まれた、つまりエネルギーの山をくぐり抜けて出現したのであると考えた。このビレンケンの宇宙

図4-4　ビレンケンの宇宙創生モデル

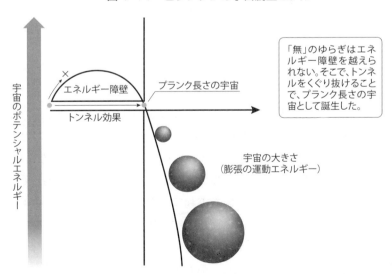

（富永裕久、佐藤勝彦『目からウロコの宇宙論』PHP研究所、17頁より）

155

創生モデル（図4−4参照）は、現時点で多くの学者によってかなり正しいものであると認められている。

　ところで、トンネル効果を「虚数時間の流れの中での運動」と見なすことができるという説があるが、もしもこの説が正しいならば、宇宙は虚数時間で始まり、その後実数時間の世界へ現れたということになる。統一思想の観点から見れば、虚数時間の世界というのは霊界であり、実数時間の世界は実体世界（地上世界）であると見ることができるのではなかろうか。つまり、この世界はまず天使が活動する世界としての霊界から始まり、その後に人間を含めた万物が存在する世界としての実体世界（地上世界）が生まれたということである。

（b）プランク期から「インフレーション」へ

　さて、誕生したばかりの宇宙は 10^{-35} メートルの最もミクロな宇宙であった。まだ物質の姿はなく、あるのは生まれたての空間と、動き始めた実数時間だけであると前に述べたが、現代の宇宙論によれば、誕生してから 10^{-44} 秒後のプランク期の宇宙に、すぐさま急激な変化が起きた。宇宙が猛烈な大膨張を起こしたというのである。これがいわゆる「インフレーション」と呼ばれる現象である。インフレーション理論によれば、宇宙空間は倍々ゲームで膨張し、わずか 10^{-34} 秒間に 10^{100} 倍に膨張したとされている。

　しかし、このインフレーションを引き起こした源は何かというのは、現在でもまだ謎のままであり、はっきりした答えはない。インフレーションの原因について、現時点でさまざまな仮説が立てられているが、その中で最も有力なのは、「真空のエネルギー」の働きによるものだという説である。この説によれば、プランク期の宇宙は、前にも述べたように、生まれたての空間と動き始めた実数時間だけであったが、しかしその中には「真空のエネルギー」が満ち溢れていたという。そしてこのエネルギーが空間を斥け合い、宇宙を押し広げたのであるという。

　統一思想によれば、神の形状（本形状）は、すべての被造物の有形的要素の根本原因である。そして、本形状それ自体は、一定の形態がないが、しかしいかなる形態の映像にも応ずることができる。この被造物の

Ⅳ. 宇宙論と統一思想の和合を目指して

有形的要素の根本原因には二つの側面がある。一つは素材的要素であり、もう一つは無限応形性（無限の形態を取ることのできる可能性）である。

　ここで言う被造物の素材的要素とは、要するに、科学の対象である物質の根本原因である。今日の科学では、物質の根本原因は素粒子の前段階としてのエネルギー（物理的エネルギー）であり、そのエネルギーは粒子性と波動性を帯びていると見ている。統一思想では、この究極的原因は、まさに本形状であると見ている。

　したがって、科学的に表現すれば、本形状とは素粒子の前段階としてのエネルギーであって、統一思想ではこれを「前段階エネルギー」（Prior-stage Energy）、または簡略して「前エネルギー」（Pre-Energy）と呼んでいる。そして、神の創造において、本形状である前エネルギーがこの宇宙に存在する形のエネルギーとして発生したのである。すなわち、このエネルギーが、前に述べたように、「真空のエネルギー」として宇宙に満ち溢れたと見ることができるのではなかろうかと思う。

　ところで物質は、例えば水のように、水蒸気（気体）から水（液体）へ、そして水から氷（固体）へと、ある量の熱を出しながら状態を変える。つまり相転移を起こしていくものである。インフレーション理論でも水と同様に、真空もまた相転移を起こして状態を変えていく、つまり相転移をして熱を放出したり、宇宙の根本的な力の働き方を変えていくのである。実際、インフレーションが始まるとすぐに最初の相転移を起こし、続いて第二、第三の相転移を経て、第四の相転移で真空における相転移は終わり、それ以降は宇宙で相転移が起こっていない。そしてこの次々に起こった相転移によって、宇宙はその性質や力が変化してきたのである（図4−5参照）。

(c) インフレーションから「ビッグバン」へ

　宇宙が誕生してから10^{-44}秒後に、プランク期は終わり、「真空のエネルギー」によってインフレーションが始まったが、ここで宇宙は最初の真空の「第一の相転移」を起こした。それまでは、宇宙にあったのは統一された一つの力である「原始の力」だけであった。ところが、この相転移によって真空は性質が変わり、原始の力は「重力」と「大統一力」

157

図4−5　真空の相転移による力の分岐

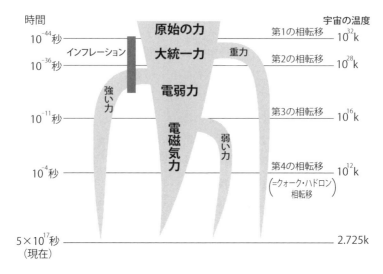

（富永裕久、佐藤勝彦『目からウロコの宇宙論』PHP研究所、197頁より）

とに枝分かれした（図4−5参照）。

　ところで、宇宙誕生から10^{-34}秒後に、インフレーションは終わり、急膨張した宇宙は冷えていったが、しかし宇宙は誕生から10^{-36}秒後に真空の「第二の相転移」を起こしたのである。ここで原始の力から分岐した大統一力が、さらに「強い力」と「電弱力」とに枝分かれした（図4−5参照）。また、この相転移によって真空の状態が変わり、膨大な量の熱が放出され、この熱で宇宙は超高温の火の玉となった。これが「ビッグバン」である。

　さて、インフレーションが終わった後、宇宙は71億年の間ゆっくりと膨張して現在の宇宙へと発展してきたが、その間にボイド（銀河の存在しない空間）や銀河といった宇宙の構造ができあがった。ところで、こういった宇宙の構造をつくるタネは、インフレーション期にまかれていた。つまり、プランク期からインフレーションの初期には、前に述べたように、時間や空間がゆらゆらとゆらいでいたのが、インフレーションによって一気に引き伸ばされ、宇宙の構造をつくるタネとなったのである。このゆらぎは、現在の宇宙背景放射として見ることができる。さ

らに、この宇宙背景放射は一応また「ビッグバン宇宙論」の正しさを立証しているものとされている。

(d) ビッグバンから「宇宙の晴れ上がり」へ

　ビッグバンとは、狭義の意味で、インフレーションの後真空の相転移によって生まれた熱による火の玉宇宙をいう。ところで、インフレーションを起こした源は「真空のエネルギー」であると前に述べたが、この真空のエネルギーの実体を仮想粒子として捉えると、真空の相転移の終了とは、この仮想粒子によってこれまで高いエネルギー状態を保っていた真空が、仮想粒子の崩壊によって低いエネルギー状態に変わったことだと考え直すことができる。

　真空の状態が変化することで膨大な熱が解放されて宇宙が超高温の火の玉となることがビッグバンであると前に述べたが、これはこの仮想粒子が崩壊して、別の粒子に変わったこととも捉えることができる。そして、ここで生まれたのが、クォークやレプトンなどの物質を形づくっている粒子である。

　ところで、現在の標準理論では、本当に基本的なフェルミオンは、クォークとレプトンだけであると考えられている。つまり、物質をつくる粒子であるフェルミオンはクォークとレプトンだけ存在するというのである。フェルミオンに属するクォークとレプトンはそれぞれ6種類ある（図4－6参照）。

　一方、力を伝える粒子であるボソンは、自然界の四つの力と対応して存在する（図4－7参照）。

　クォークとレプトンはそれぞれ6種類あることを前に述べたが、しかし重いもののほうが対生成するのにより大きいエネルギーが必要であるために、そう簡単にはつくれない。そして反粒子とペアが組めずに対消滅をまぬがれた重い粒子も、より安定したクォークやレプトンに崩壊してしまう。

　それゆえに、現在、宇宙に存在するクォークのほとんどはアップとダウンの2種類となっており、そしてレプトンは電子と電子ニュートリノの2種類となっている。

図4-6 フェルミオン（物質をつくる粒子）

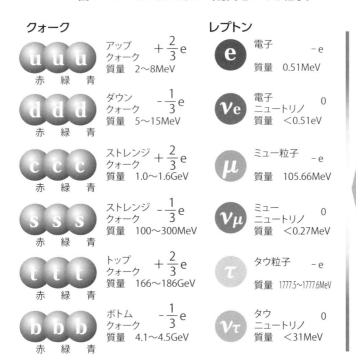

（富永裕久、佐藤勝彦『目からウロコの宇宙論』PHP研究所、167頁より）

図4-7 ボソン（力を伝える粒子）

（富永裕久、佐藤勝彦『目からウロコの宇宙論』PHP研究所、167頁より）

IV. 宇宙論と統一思想の和合を目指して

ところで、宇宙開闢から 10^{-11} 秒たって、温度が 10^6K へと下がった頃、真空は「第三の相転移」を起こした（図4－5参照）。第二の相転移で大統一力が強い力と電弱力に分かれたが、その電弱力が第三の相転移でさらに「電磁気力」と「弱い力」とに枝分かれした。第三の相転移では、インフレーションは起こらなかったが、粒子を支配する法則が変化したのである。それは、それまで光子と同じように質量を持っていなかったクォークやレプトン、ウィークボソンなどが質量を持つようになった。つまり、第三の相転移は、質量の起源でもあったのである。

そして、宇宙開闢から 10^{-4} 秒たち、宇宙の温度が 10^2K に下がったとき、「第四の相転移」が起こった。これも第三の相転移と同様、インフレーションは起こさなかったが、粒子を支配する法則を変えた。つまり、クォークに「強い力」を持たせ、クォーク単独での存在を禁じたのである。これが、「クォークの閉じ込め」という現象である（図4－8参照）。また、クォークが集まってつくる粒子をハドロンと呼ぶので、これはまた「クォーク・ハドロン相転移」とも呼ばれている。

陽子は、二つのアップクォークと一つのダウンクォークから成るハド

図4－8　クォークの閉じ込め

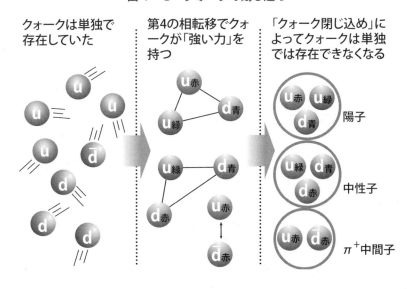

（富永裕久、佐藤勝彦『目からウロコの宇宙論』PHP研究所、29頁より）

ロンである、中性子は一つのアップクォークと二つのダウンクォークから成るハドロンである。この世界にある陽子、中性子、電子、光子などは、この段階ですべて生まれている。そして、第四の相転移以降、宇宙での真空の相転移は起こっていない。

ところで、統一思想によれば、前に述べたように、神の創造において、神の形状（本形状）である前エネルギーから授受作用によって、二つの力（エネルギー）が発生すると見るのである。そして、その一つは「形成エネルギー」（Forming Energy）であり、他の一つは「作用エネルギー」（Acting Energy）である。形成エネルギーは直ちに粒子化して物質の素材となり、万物を形成するのであるが、作用エネルギーは万物に作用して、万物相互間に授け受ける力を引き起こすのである。つまり、形成エネルギーが粒子化したのが、物質をつくる粒子であるフェルミオンであり、作用エネルギーが粒子化したのが、力を伝える粒子であるボソンであると見ることができると思う。

さて、宇宙は開闢から３分後、その温度が10^9K まで下がったが、それと同時に熱運動エネルギーも減少し、陽子と中性子が結合し始めた。すなわち、原子核の合成が始まったのである。まず、重水素の原子核が合成され、それより順次ヘリウム原子核の合成へと進んだ。また、ヘリウム原子核が合成されたときに、中性子が生じたが、単独の中性子はβ崩壊によって陽子（水素の原子核）に変化した。結局、このときに最後につくられたのは、ほとんどが水素やヘリウムの原子核であった。

その後、宇宙にはしばらく騒がしい状態が続いた。それは、膨張によって宇宙は冷えてきたとはいえ、その温度は未だにとてつもなく高温な状態であったので、原子核と電子はまだ結びつくことができなかったのである。そうなると、膨大な数の電気を持った粒子が宇宙空間を飛び回ることになる。そのために、光はこれらの粒子に遮られて、まっすぐに広がっていくことができなかった。

このような宇宙に変化が起きたのは、宇宙開闢から38万年後のことである。この時期に宇宙はさらに冷えて、温度が約3000K にまで下がった。それとともに、電子の熱運動エネルギーも低下し、それまで自由に飛び回っていた電子の運動が鈍くなって、その結果、負電荷を持ってい

162

る電子は正電荷を持っている原子核に引きつけられ、遂には原子核に捕らえられた。原子の誕生である。

　そして原子が生まれると、それまで宇宙の中で飛び回っていた電子によって遮られて散乱していた光は、空間を直進できるようになった。つまり、光は直進して遠くまで届くことができるようになったのである。これが「宇宙の晴れ上がり」である。このときの光は、現在「宇宙背景放射」として観測されている。

(e) 宇宙の晴れ上がりから「地球の形成」まで

　宇宙は無から誕生して、インフレーション、ビッグバンを経て 138 億年の現在にまで発展してきたとされている。その宇宙の誕生から宇宙の晴れ上がりまでの発展の経過を以上に見てきたが、ここで一応それを簡単にまとめてみたいと思う。

　現在広く受け入れられている説によれば、宇宙は量子効果により「無」から誕生し、インフレーションによって時空間は猛烈な勢いで引き伸ばされ、引き続いてビッグバンで真空のエネルギーが素粒子に変換されて、超高温・超高密度の原始の宇宙が誕生したのであるとされている。

　無から誕生したときの宇宙にある力は、「原始の力」一つだけであったが、インフレーションとともに起きた第一の相転移で、この原始の力は「大統一力」と「重力」に分かれた。そして、第二の相転移で、大統一力は「強い力」と「電弱力」に分かれた。またここでクォークやレプトンが生成された。続いて第三の相転移が起こり、クォークやレプトンが質量を持つようになった。質量の起源である。そして、電弱力は「電磁気力」と「弱い力」に分岐した。これで、自然界に存在する四つの力が出そろったわけである（図4−9参照）。表現を変えて言えば、自然界に存在する四つの力は、宇宙創成時では、一つの同じ力であったが、宇宙の発展につれて、別の現れ方をするようになったということである。その後、第四の相転移が起こり、それまで単独で飛び回っていたクォークが、単独で存在するのを禁じられ、ハドロンの中に閉じ込められた。これが前に述べた「クォークの閉じ込め」であり、この現象のゆえに、第四の相転移はまた「クォーク・ハドロン相転移」とも呼ばれている。

図4−9 自然界の４つの力

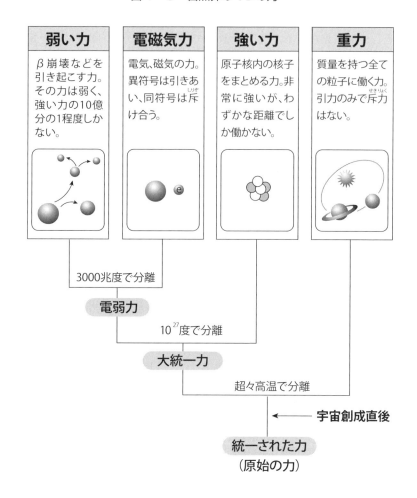

（富永裕久、佐藤勝彦『目からウロコの宇宙論』PHP 研究所、165 頁より）

　ところで、力というのは、例えば光子のやりとりで電気的な力が生まれるというように、二つの個体の間で力を伝える粒子（ボソン）を交換することによって生まれるものである。統一思想では、これを授受作用という。個体の性相と形状間の授受作用は、位置という観点から見るとき、実は主体と対象間の授受作用であり、主体と対象にさらに中心と結

果の位置を含めると、主体と対象の授受作用は結局、四位基台形成となる。すなわち、四位基台は中心・主体・対象・結果の四つの位置によって形成されるのである。

自然界における四種類の授受作用

さて、四位基台は四種類ある。したがって授受作用も四種類ある。そして、それに対応して四種類の四位基台が形成される。それで、ここで四種類の授受作用について、検討してみたいと思う。

授受作用には、心情が中心で結果が合性体である場合の自己同一的授受作用（簡略して「自同的授受作用」）と、目的が中心で結果が新生体である場合の「発展的授受作用」がある（図4－10参照）。

この両者を変化と運動という観点から見るとき、前者は授受作用の前後で性相と形状が変化しないから静的授受作用といい、後者は授受作用によって変化した結果として新生体が現れるから動的授受作用ともいうことは、前に述べたとおりである。

原相の説明をしたときに、神は性相と形状をその属性として持っており、被造物の性相と形状と区別するために、神の性相と形状を「本性相」と「本形状」ともいい、また神の性相はさらに「内的性相」と「内的形状」から成っているということを説明した。それゆえに、本性相と本形状は神の外的な属性であり、内的性相と内的形状は神の内的属性である

図4－10　自同的授受作用と発展的授受作用

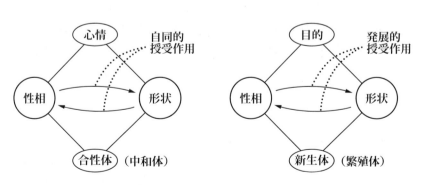

（統一思想研究院『要約 統一思想・勝共理論』光言社、37頁より）

ともいえよう。

　ところで、性相と形状が共通要素を中心として相対的関係を結べば、必ず授受作用が行われる。そこで、上に述べたような原相の構造的観点から、外部の本性相と本形状の間に行われる授受作用を「外的授受作用」といい、内部の内的性相と内的形状の間に行われる授受作用を「内的授受作用」という。そして、内的授受作用によって内的四位基台が形成され、

図4－11　内的授受作用と外的授受作用

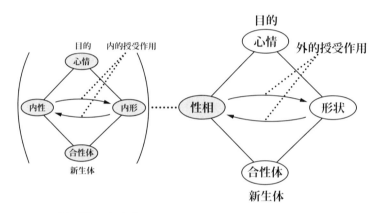

（統一思想研究院『新版 統一思想要綱』光言社、89頁より）

外的授受作用によって外的四位基台が形成されるのである（図4－11参照）。

　このように、四位基台には自同的四位基台と発展的四位基台のほかに、さらに内的四位基台と外的四位基台という二種類の四位基台がある。したがって、自同的および発展的と、内的および外的の各四位基台を組み合わせると、四種類の四位基台を形成することができる（図4－12参照）。そして、この四種類の四位基台に対応して、四種類の授受作用があるという結論になる。

四種類の力 vs. 四種類の授受作用

　科学的な観点から言えば、自然界には四種類の力が存在するが、この四種類の力は、統一思想でいう四種類の授受作用に対応するものであると考えられよう。それゆえに、ここで四種類の力と四種類の授受作用と

Ⅳ. 宇宙論と統一思想の和合を目指して

図4−12 四位基台の種類

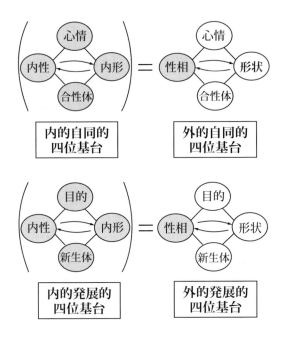

(統一思想研究院『新版 統一思想要綱』光言社、92頁より)

の対応について検討しようと思う。

　まず力の作用範囲（到達距離）から考えれば、強い力と弱い力は主に原子内（ミクロの世界）では働く力であるので、この二種類の力は内的授受作用に対応し、そして重力と電磁気力は主に原子外の自然界（マクロの世界）で働く力であるので、この二種類の力は外的授受作用に対応するというように考えることができよう。

　また力の機能から考えれば、強い力はクォークをまとめて核子を合成したり、原子核内の核子をまとめて原子核を合成したりして、その作用の結果が合性体となるので、これは自同的授受作用に対応し、弱い力は素粒子の放射線崩壊を引き起こして素粒子の種類を変えてしまう力で、例えばβ崩壊を引き起こして中性子を陽子とニュートリノと電子に変えてしまうというように、作用の結果が新生体を生じる力であるので、こ

167

れは発展的授受作用に対応すると考えられよう。

　そして重力は、例えば太陽と恒星を結びつけて太陽系を形成するというように、作用の結果が合性体であるので、これは自同的授受作用に対応し、電磁気力は、例えば異符合の電気を持つ正電荷と負電荷の二つの個体が引き合って結合し、その結果が電気的に中性な個体である新生体となるので、これは発展的授受作用に対応すると考えることができよう。

　このように、科学的に見た場合、自然界には基本的な四種類の力があるが、これは統一思想で提起する四種類の授受作用に対応するものであると考えられよう。すなわち、強い力は内的自同的授受作用に、弱い力は内的発展的授受作用に、重力は外的自同的授受作用に、そして電磁気力は外的発展的授受作用に、それぞれ対応するものと考えることができるのではないかと思う。

　さて、力についての探究はこれくらいにして、宇宙の発展に関する本論に戻り、地球が形成された前後から今までに起きた、そして将来に起きる可能性のある若干の興味深い事象を取り上げて考えてみたいと思う。

宇宙発展史における興味深い事象①：星や銀河の誕生

　まず、星や銀河の誕生についてである。宇宙開闢から1〜2億年たった頃、宇宙にはビッグバンで生まれた水素やヘリウムのガスが、ほぼ均一に広がって充満していたが、しかし完全に均一ではなく、インフレーション初期のゆらぎによって、わずかに密度が濃いところや薄いところができていた。この宇宙のガスは、やがて重力によって引き合い、密度の高いところに集まり出した。この集まりが銀河へと発達していったのである。銀河は宇宙のゆらぎに沿ってつくられるので、何千、何万という銀河が立体的な網目のように成長していった。これを「宇宙の大構造」と称するが、その起源はこのようにインフレーション期のゆらぎであるといえよう。

　ところで、宇宙の中に集まり出した水素とヘリウムのガスは、初めは雲のように漂っていたが、ガス自身の重力によって徐々に収縮が起こり、やがて球状になったが、圧縮はさらに続けられたので、その結果密度が高まり、中心の温度が上昇し、電子の熱運動エネルギーが増加し、その

168

IV．宇宙論と統一思想の和合を目指して

ために電子は原子核から離れた。このようにして生じた原子核の塊の温度はさらに上がり、1500万K以上になった頃、核融合を開始し、光を放ち始めた。これが星の誕生である。

宇宙発展史における興味深い事象②：核融合による元素の生成

では、次に星の中での元素の合成について見てみよう。ビッグバンで生まれた元素、つまり宇宙で最初に生まれた元素は、ほとんどが水素1とヘリウム2である。それ以外には、ごくごく少量のリチウム3とヘリウム4がある。その後、これらの水素とヘリウムが集まって星（恒星）が生まれ、星の内部での核融合によってヘリウムよりも重い元素がつくられた。つまり、星で起こる核融合によって、水素の原子核である陽子からヘリウム4の原子核が生まれた。ヘリウム4の原子核は途方もなく安定であったので、それ以上の重い元素はなかなか生まれてこなかった。

ところで、星の核融合で生まれたヘリウム原子核は陽子よりも重いために、星の内部に集まり、収縮して高温高圧となり、密度がさらに上がったので頻繁に衝突を起こし、その結果三つのヘリウム4原子核が衝突して核融合し、非常に安定した炭素12の原子核が生まれるのである。つまり質量数8のヘリウム原子核は不安的で、たまたまつくられたとしても、ほとんど一瞬で分解してしまうが、その一瞬の間隙を突いてもう一つのヘリウム4原子核が衝突すると、核融合して炭素原子ができるということである。そのためには、三つのヘリウム4原子核が一瞬に衝突する必要がある。

通常、ヘリウム4原子核はα粒子と呼ばれるので、上で述べた三つのα粒子による反応は、三重アルファ反応（トリプル・アルファ反応）と呼ばれている。この三重アルファ反応が効率的に起きるためには、まず豊富なヘリウムと十分に高い温度が必要であるのはもちろんであるが、さらには三重アルファ反応に必要な特定のエネルギー準位が、実際の炭素原子核に存在することが必要不可欠である。この反応による炭素の生成は、星の中での核融合による元素の合成の象徴的な一例であるといえよう。

さて、星の中での核融合によって元素がつくられるとき、星の質量が重いほど、より重い元素をつくることができる。しかし、星の内部での

核融合で生成される元素は、鉄までが限界である。鉄は原子核の中で一番安定しているので、核融合で鉄よりも重い元素はつくられない。鉄よりも重い元素は、質量の大きな星が最後を迎えたときに起こす超新星爆発によって生成されたと考えられている。

ところで、水素原子核は陽子一つでできていて、それ以上に分解することはなく、完全に安定なものである。このために、宇宙には水素原子核が非常に大量に存在している。ヘリウム4原子核は、陽子二つと中性子二つがくっついたものである。この原子核も安定して存在し続けることができる。その宇宙に存在している量は、水素原子核よりもすこし少ないだけである。したがって、ビッグバンの宇宙初期にできる原子核のほとんどは、水素原子核とヘリウム4原子核である。

宇宙発展史における興味深い事象③：少量しかない原子核の生成

しかし、初期の宇宙には、これらの大量の水素とヘリウム4の原子核以外にも、ごく少量ではあるが、その他の若干種の原子核がつくられている。これらの原子核について、以下に少し検討しよう。

まず、陽子一つと中性子一つがくっついた原子核があり、これは重水素の原子核になる。それから陽子一つと中性子二つがくっついたものがあり、これは3重水素の原子核である。同様に、陽子二つと中性子一つがくっつくとヘリウム3、陽子三つと中性子三つでリチウム6、陽子三つと中性子四つでリチウム7、陽子四つと中性子三つでベリリウム7等にそれぞれ対応する原子の原子核がある。これらが、宇宙初期につくられた原子核の主な種類であり、これ以外の原子核は、宇宙初期にはほとんど存在していない。

以上に挙げた原子核の陽子と中性子の数を見ると、ビッグバンによってできる原子核の質量数（原子核中に含まれている陽子と中性子を合わせた数）は、1、2、3、4、6、7だけであることがわかる。質量数5と8の安定した原子核は存在していないか、または不安定ですぐに分解して他の原子核になってしまうのである。

170

Ⅳ．宇宙論と統一思想の和合を目指して

宇宙発展史における興味深い事象④：安定な質量数と神の数理性

　ところで、『原理講論』によれば、二性性相の中和的主体であられる神は三数的存在であり、被造世界は無形の主体であられる神の二性性相の数理的な展開による実体対象であると述べている。それゆえに、宇宙初期につくられた原子核の質量数が１、２、３、４、６、７だけであるということは、統一原理（統一思想）の観点から見れば、これは神の数理性が宇宙内の被造物に具現されたものであると見ることができるのではないかと思う。それで、次にこのことについて、もう少し詳しく検討してみたいと思う。

　統一思想によれば、原相（神）の世界は前に述べたように時空を超越した世界である。空間概念から類推すれば、すべての「空間」が一つの点に重畳している多重畳の世界であると同時に、あらゆる方向に限りなく広がっている世界である。原相の世界はまた「時間」のない世界でもある。時間観念から類推すれば、過去・現在・未来が今の瞬間に合わさっている。したがって、瞬間と永遠が同じである。

　しかし原相の世界は、このような時間・空間だけではなく、その他のすべての現象においても、その原因が重畳的に一点に統一されている世界である。すなわち、時間・空間をはじめとする宇宙内のすべての現象は、この統一された一点から発生したものである。言い換えれば、原相の世界は一つの状態（性相と形状、陽性と陰性が統一された状態）の純粋持続である純粋な「統一体」である。これは、時間・空間をはじめとする宇宙内のすべての現象は、この統一された一点から発生したものであるという意味である。

　それゆえに、以前に述べたように、宇宙がいくら広大無辺で、宇宙の現象や運動がいくら複雑であるとしても、その時空と現象を支配している基本原理は、この一点、すなわち統一性にある。それが統一の原理であり、授受作用の原理であり、愛の原理である。例えば、授受作用の土台である四位基台という一点（原点）から空間が展開されたのであり、正分合作用という一点から時間が展開されたのである。

　以上に論述した統一思想の観点より、次に、宇宙初期につくられた原子核の質量数が１、２、３、４、６、７だけであるという問題について

171

考えよう。

　まず、質量数が１であることについてであるが、宇宙内の物質で一番単純なのは、原子核が陽子一つより成る水素である。そして、原子核内の陽子の数が、一つから二つ、三つ……と増えていくとともに、異なる種類の原子が生まれる。つまり、宇宙内にいくら多くの種類の原子が存在していても、それらの原子核はみな一つの陽子というこの一点から始まって、だんだんと陽子の数が増えることによって展開されたものである。これが原子核の質量数が１であることの、統一思想と対応する意味であると考えられよう。

　次に、質量数が２であることについてであるが、これは例えば陽子一つと中性子一つがくっついてできる重水素の質量数がある。原子核は陽子と中性子が授受作用で結合したものであり、また原子番号は核内の荷電体である陽子の数で決まるので、核内においては陽子が授受作用の主体であり、中性子はその対象であると考えられよう。つまり、陽子は性相的粒子であり、中性子は形状的粒子であると考えられよう。

　統一思想によれば、原相は本性相と本形状の二性性相の中和体であるが、これを重水素の原子核の構成とを対応して考えてみると、本性相と本形状は、重水素原子核を構成する陽子と中性子とに対応するものと考えれば、質量数２というのは二性性相を構成する性相と形状という原理的な二数的性質と対応するものと考えられる。これが原子核の質量数が２であることの、統一思想と対応する意味であると考えられよう。また２数は、正分合作用の二番目の作用「合」に対応する数であるとも考えることができるのではなかろうか。

　さて、質量数が３であることについてであるが、統一原理によれば二性性相の中和的主体である神は三数的存在である。そして、被造物の完成は、神と一体となり、四位基台を造成することを意味する。そのためには、成長の三期間を経て、三対象目的を完成しなければならない。この理由で、三数を天の数、または完成数という。

　ところで、原子核の質量数が３である元素には、陽子一つと中性子二つよりなる３重水素と、陽子二つと中性子一つより成るヘリウム３がある。陽子と中性子は核子とも称されるが、３重水素とヘリウム３はいず

172

Ⅳ．宇宙論と統一思想の和合を目指して

れも三つの核子によってつくられているので、これは三対象目的を完成
した三数的な天の数を具現したものであるといえる。これが原子核の質
量数が3であることの、統一思想と対応する意味であると考えられよう。

　次は、質量数が4であることについてであるが、統一原理によれば、
ある主体と対象が、神を中心として合性一体化し、三位一体をつくるとき、
その個性体は四位基台をつくり、東西南北の四方性を備えた被造物の位
置を決定するようになる。この意味から、四数は地の数と称される。さ
て質量数4の元素はヘリウム4であり、これは陽子二つと中性子二つと
でつくられる。つまり二つの陽子が主体となり、二つの中性子が対象と
なって、神を中心として合性一体化したものがヘリウム4（a粒子）と
いう四数的な地の数を具現した個性体であるといえると思う。これが質
量数4であることの、統一思想と対応する意味であると考えられよう。

　さて、質量数が6であることについてであるが、6というのは3プラ
ス3であると考えられる。質量数が6である元素は、リチウム6であり、
これは陽子三つと中性子三つとでつくられる。統一原理によれば、三数
は天の数または完成数であり、その三数的存在の三つの陽子と三つの中
性子が主体と対象となって授受作用し合性一体化となったリチウム6は、
質量数が6である完成個性体であると考えられる。そして、これは天地
の創造が6日で完成されたことに対応するともいえよう。これが質量数
6であることの統一思想と対応する意味であると考えられよう。

　最後に、質量数が7であることについてであるが、7というのは3プ
ラス4であると考えれば、これはすなわち天の数である3と地の数であ
る4とを加えたものである。質量数が7である元素には、リチウム7と
ベリリウム7とがあるが、リチウム7は陽子三つと中性子四つとでつく
られ、ベリリウム7は陽子四つと中性子三つとでつくられている。この
二種類の元素の原子核は天の数3を表す三つの核子と地の数4を表す四
つの核子とが合わさってできたもので、3プラス4は7となることによ
り、これは7数完成実体を具現したものであると考えられよう。これが
質量数7であることの統一思想と対応する意味であると考えられよう。

　以上でミクロの世界である原子の構造性、特にその数理性について考
えてきたが、次にはマクロの世界である宇宙の時間性、特にその開闢に

173

ついて探ってみたいと思う。科学的に宇宙の始まりについての探究はいろいろとなされてきたが、その現在までに得た結果を一言でいえば、「宇宙は生まれるべくして生まれた」というような答えしか得られていないようである。

宇宙開闢の理論

　概略的であるとはいえ、科学的にほぼ正しく宇宙の始まりを論述したのは、ビッグバン宇宙論に始まったといえるのではないかと思う。宇宙はなめらかに膨張しているが、それを時間的に過去に遡れば宇宙は一点に収縮してしまう。この考えがビッグバン宇宙論の出発点である。しかし、この考えでいくと、最後にたどりつく宇宙の始まりは、とがっている一点である「特異点」になるのである。

　宇宙がなめらかに膨張しているということは、宇宙の変化の歴史が因果関係に従っているということの現れであると考えられよう。それゆえに、その変化の有様は物理学の法則によってたどることができる。しかし宇宙の変化の歴史を時間的に過去に遡ってみれば、宇宙の始まりが、とがった一点である特異点、つまり因果関係が途切れた一点である特異点になるというのでは、物理学では宇宙がどのように始まったのかという謎が解けなくなるという一大問題にぶつかってしまう。

　それはさておき、アインシュタインの相対性理論によると、物質を圧縮すると、物質を構成する粒子のエネルギーが高まり、粒子の質量が増大してしまう。その結果、粒子間の重力がより強くなるので、粒子はますます圧縮される。このような過程が継続して循環し、最後には一点に潰されてしまう。そして、宇宙の始まりは、この一点で特異点であったというのである。

　しかし、相対性理論は古典物理学に根源を置いた理論で、量子論的な考慮をしていない。ところで、ミクロの世界を記述する物理学は量子論であるので、宇宙の始まりの極小の世界に対しては、量子論によってその謎に迫る必要がある。前に述べたビレンケンの宇宙創生モデルは、まさに量子論の立場から、宇宙の始まりの謎を解こうとしたものであるといえよう。

Ⅳ．宇宙論と統一思想の和合を目指して

　量子力学の一つの標準的な手法として、正準量子化という方法がある。この方法で相対性理論と量子論とを結びつけようとする研究が、つまり具体的に言って、相対性理論を量子化する研究が、1960年代から盛んに行われてきている。そして1980年代には、ループ量子重力理論と呼ばれる方法が出現し、その研究は急速に発展して、現在に至るまで続けられてきている。

　ループ量子重力理論を宇宙論に応用するのに、いくつかの仮定がなされて、原始宇宙が従うシュレーディンガー方程式が導かれた。この方程式から、宇宙の大きさがゼロとなる時刻付近で、ビッグバウンス（跳ね返り）が起こることがわかった（図4－13参照）。つまり、宇宙は密度有限のままで収縮から膨張に転じたというのである。これは、特異点がビッグバウンスに取って代わられたのみならず、さらにビッグバウンスの直後には、宇宙が加速膨張するインフレーションがあることをも予言した。

　ビッグバウンスモデルとは別に、前に述べたようにホーキングとハートルは、ごく初期の宇宙では通常の実時間ではなく、虚時間が流れていたと仮定することによって、宇宙の始まりである特異点を除去することができると示した。つまり、ホーキングとハートルは、虚時間の概念を用いて、特異点という「始まり」が存在しない宇宙創生の筋書きを、虚時間が流れる宇宙から実時間の流れる宇宙へ移行したと提唱したのである。この無境界仮説（図4－14参照）に基づいた宇宙論は、今のところ量子論的な宇宙開闢の代表的なモデルとなっている。

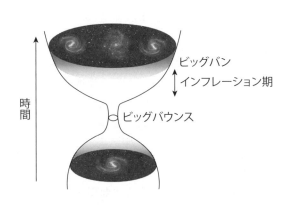

図4－13　ビッグバウンス

（竹内薫『文系にも読める！宇宙と量子論』
PHP研究所、203頁より）

175

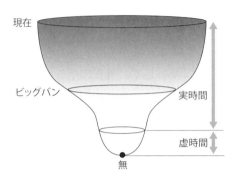

図4-14 無境界仮説

(竹内薫『文系にも読める！宇宙と量子論』
PHP研究所、187頁より)

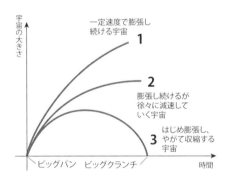

図4-15 フリードマンの宇宙モデル

(富永裕久、佐藤勝彦『目からウロコの宇宙論』
PHP研究所、175頁より)

宇宙の将来についての予測

　以上、宇宙の開闢についての理論を見てきたが、この問題への探究はこれくらいにして、次に宇宙の将来はどのように発展するかに関してなされている予測について、見てみたいと思う。

　現在膨張している宇宙は、将来にはいずれ収縮を始めるのだろうか。それともこのまま膨張を続けていくのだろうか。ロシアの数学者のフリードマンは、アインシュタインの方程式を解いて、宇宙は膨張したり収縮したりするという解を導き出した。フリードマンによると、宇宙の将来には次のような三つの可能性があるという。つまり、宇宙の膨張と収縮には、時間の流れとともに、次の三つの可能性があるというのである。一つ目は、一定の速度で永遠に膨張し続ける宇宙。二つ目は、膨張し続けるが、徐々に減速していく宇宙。そして三つ目は、初めは膨張し、やがて収縮に転じる宇宙である（図4-15参照）。

　ところで、未来の宇宙が時間の流れとともに膨張し続けるか、それとも収縮に転じるかは、宇宙の曲率で決まる。一つ目の曲率が負の宇宙は「開いた宇宙」と呼ばれ、二つ目の曲率がゼロの宇宙は「平坦な宇宙」と呼ばれる。この二種類の宇宙は、いずれも永遠に膨張し続ける。最

Ⅳ. 宇宙論と統一思想の和合を目指して

後の三つ目の宇宙は曲率が正の宇宙で、「閉じた宇宙」と呼ばれ、膨張の後に、早晩収縮に転じる（図4－16参照）。

宇宙のエネルギー密度の観点から見れば、現在進行中の宇宙の膨張が収縮に転じるか、または膨張が永遠に続くかは、宇宙のエネルギー密度が、図4－16に示されているように、「臨界密度」よりも大きいか小さいかに依存する。つまり、フリードマンが導き出した一つ目の宇宙は開いた宇宙に、二つ目の宇宙は平坦な宇宙に、そして三つ目の宇宙は閉じた宇宙に、それぞれ対応するものであると考えられよう。

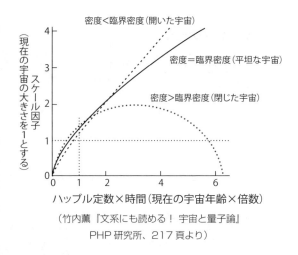

図4－16　宇宙の発展モデル

（竹内薫『文系にも読める！ 宇宙と量子論』PHP研究所、217頁より）

実際には、宇宙は誕生してから約71億年たった頃から、再び加速膨張を始めている。そのために、現在でも銀河群同士は、速度を増しながらお互いに遠ざかっている。もしも、現在進んでいる膨張がこのままずっと継続していけば、宇宙の大規模構造はいずれ崩壊してしまい、各銀河群の星は燃え尽きて燃えかすになり、冷えきってしまう。その結果、広大な暗黒の空間の中に、ぽつんぽつんとお互いに関係を持たない冷えきった銀河群が存在しているような宇宙になってしまうであろう。

このような宇宙の変わりようは、「ビッグフリーズ」（図4－17参照）と呼ばれ、これがはるか未来の宇宙の姿として予想されるものの一つである。

その他にも、例えばビッグフリーズとは逆に、宇宙がやがては収縮し、ついには一点に潰れてしまうという「ビッグクランチ」（図4－18参照）と呼ばれるものもある。

つまり、宇宙が将来において加速膨張から減速膨張に変わり、さらに

図4-17　宇宙の最後（1）ビッグフリーズ

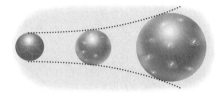

（富永裕久、佐藤勝彦『目からウロコの宇宙論』PHP研究所、51頁より）

図4-18　宇宙の最後（2）ビッグクランチ

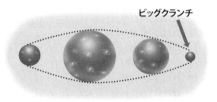

（富永裕久、佐藤勝彦『目からウロコの宇宙論』PHP研究所、51頁より）

収縮に転じ、最後には一点に潰れてしまうという可能性もある。これがビッグクランチである。そして、ビッグフリーズやビッグクランチ以外にも、宇宙の終焉について、さまざまなシナリオが考えられているのが現状である。

統一思想から見た宇宙創世と創造の二段構造

ところで、ビッグフリーズにしろ、ビッグクランチにしろ、これらはみな発展（変化）の有様が違う宇宙という神の被造物であり、新生体である。統一思想の観点から見るとき、神はまず一定の目的を立てて、発展する宇宙という新生体の創造を具体的に構想した後、材料に相当する形状の前エネルギーを用いて、構想されたとおりに宇宙をつくられたのである。このように、神の創造には二段階の過程がある。その第一段階は、内的構想の段階であり、第二段階は外的作業の段階である。この二段階の授受作用は、いずれも同一の目的を中心としてなされ、必ず結果

Ⅳ．宇宙論と統一思想の和合を目指して

として新生体をつくる。その第一段階は内的発展的授受作用の段階であり、第二段階は外的発展的授受作用の段階である。

　授受作用は必ず四位基台を土台として行われるので、授受作用は別名として四位基台とも称される。したがって神の創造において、内的発展的授受作用が必ず外的発展的授受作用に先行するということは、内的発展的四位基台が必ず外的発展的四位基台に先行して形成されるということである。つまり、創造においては、必ず内的発展的四位基台と外的発展的四位基台が連続的に形成される。これを「原相の創造の二段構造」（図4－19参照）という。

図4－19　創造の二段構造

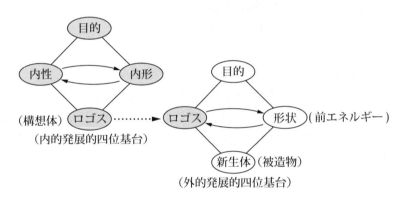

（統一思想研究院『新版 統一思想要綱』光言社、123頁より）

　このような統一思想の創造の二段構造の理論をビッグフリーズに適用すれば、神はまず第一段階で、発展する宇宙を創造するための具体的な構想体であるロゴスを描かれ、続いて第二段階で外的発展的授受作用を、つまりロゴスを主体とし、神の形状である前エネルギーを対象として授受作用をなした結果新生体が生じた。その新生体が、構想したとおりに造られた宇宙としてのビッグフリーズである。言葉を換えて言えば、ビッグフリーズは、ロゴスと前エネルギーが授受作用をした結果生まれた新生体であるということである。

　統一思想によれば、神は愛を通じて喜ぼうとする情的衝動である心情を動機として、愛の対象として人間を創造され、人間の生活する環境と

して宇宙万物を創造されたのである。それゆえに、私はビッグフリーズを次のようなものであると考えてもよいのではないかと思う。

そもそも、神は喜びの対象を創造する目的を成就なさるために創造された宇宙は、潰れてしまうようなビッグクランチのタイプの宇宙であるはずはなく、ビッグフリーズのタイプの宇宙、つまり永遠に膨張するような宇宙であるべきである。それは、人類がだんだんと増えていくにつれて、その生活の糧である万物も増やしていかなければならず、そのために人間の生活環境である宇宙はだんだんと大きく発展するものと考えられよう。それゆえに、神は膨張する宇宙を構想され（内的発展的授受作用の段階）、そして前エネルギーを用いて構想されたとおりに創造をなされた（外的発展的授受作用の段階）のが、現在の膨張する宇宙であると考えられるのではないかと私は思う。

宇宙の発展の理論としてのM理論と人間原理への期待

ところで、ビッグクランチやビッグフリーズを導いたように、宇宙の最後の姿を導くには、宇宙の発展に関する理論を立てたときの仮説を検証し、実験や観測の結果などと照合して、ミクロからマクロまでを統一できる理論を完成することが必要であると考えられる。今のところ、五つの超ひも理論を束ねる「M理論」というものが、そのような役目を果たす理論ではないかと期待されている。しかし、M理論はまだ完成されていない理論である。ともあれ、近い将来に（または遠い将来になるかもしれないが）M理論が完成されて、「万物の理論」として受け入れられる日が来るという期待を持って、ここで将来の宇宙の可能な有様についての探究を終えたい。

さて次に、「なぜこんな宇宙が生まれたのか」という問題について考えてみたい。この宇宙は人間が生まれるようにできている、というような考え方は、21世紀に入った現在の科学者の間で、急速に支持を拡げている。しかし実は、20世紀の半ば頃から、物理学の理論家たちは、すでに今までに手に入れていた資料に基づいて、「宇宙はなぜこのような宇宙なのか」を問い続けてきた。そして、この問いに対する探究の中から、「人間原理」という理論が生まれたのである。

IV. 宇宙論と統一思想の和合を目指して

　人間原理とは、正確に定義されている用語ではなく、その捉え方は人によってさまざまに異なるが、大まかに言って二つの種類がある。それは「弱い人間原理」と「強い人間原理」である。

　弱い人間原理とは、人間の生存できる場所や時間が宇宙の中で限られている、と主張するものである。言い方を換えて言えば、弱い人間原理とは、今あるこの宇宙のあり方を決める物理法則の数値は、人間が存在するのに都合よく定められている、というものである。これは、無数にある宇宙の中の一つが、たまたま人間の住む宇宙になったとも言い表されよう。

　一方、強い人間原理は、宇宙自体の性質が人間の存在を許すものでなければならないと主張するものである。言い方を変えれば、強い人間原理とは、物理学の基本法則、物理定数や、宇宙や空間の次元などは人間が存在できるようにつくられている、というものである。

　以上の二種類の人間原理についての定義を合わせて、人間原理とは何かということを簡単に概略的に結論づけるとすれば、人間原理とは観測された宇宙は生命体が誕生するようなものでなければならない、というように言い表せるものであると捉えることができよう。このような結論は、あるいは当然のことであるように思われるかもしれないが、しかしそれを宇宙の原理であると考えてよいかどうか、ということは自明ではない。

　つまり、突き詰めて言えば、人間原理とは宇宙に人間のような知的生命体が生まれることは必然であるが、しかしその理由を追究できない原理である、というように考えられよう。ともあれ、事象の原因が追究できないような人間原理は、そのままでは科学の対象として、つまり物理学の法則として捉えることはできないのではないかと思う。

人間生活に適する値になっている宇宙内の物理定数
　物理学の法則は、その理論の中に特定な値が現れるものである。例えば、万有引力における重力定数とか、電磁気力における電気素量とかが、その代表的な例である。このような、物理法則の中に現れる特定な値は、物理定数と呼ばれている。今のところ、約30個ぐらいの独立的な値を取る物理定数が知られているが、しかしこれらの物理定数が、どうして

181

その特定な値を持つかについての理論的な理由はわかっていない。ただ実際に測定して、初めてその特定な値を持っていることがわかるのである。

ところで、この宇宙の中で人間が存在するためには「特別な好都合な条件」が必要である。例えば、人間の生活環境の温度、物質の密度などといったような物理定数が、人間の生活に適する特別な値になっているという条件が必要である。つまりこの宇宙に備わっている物理定数は人間が生活できる特別な値になっているのであるが、しかし人間原理はこの宇宙になぜこのような条件が備わっているのかを説明していない。いや、説明できないと言ったほうがよいのかもしれない。ただこの宇宙は人間のような生命体が誕生する場所であると簡単に片付けているだけである。それゆえに、前に述べたように、事象の原因を追究しない、あるいは追究できないような人間原理は、このままでは物理学の法則と見なすことができないのではないかと、私には思われるのである。

通常の物理学の理論では、物理定数は定常であると考えられているが、しかしなぜこの宇宙でそれらの定数が特定の値を取っているのか、という問いには答えることができない。身近な一例を挙げれば、なぜ光速は秒速30万キロメートルであって、10万キロメートルではいけないのか？このような質問に対して、現在の物理学の理論は答えることができない。このような問題の探究は、あるいは物理学（Physics）ではなくて、形而上学（Metaphysics）に属するものであると考えるべきかもしれない。つまり、実証可能でない理論は、物理学ではなく、形而上学に属するものではないだろうか？

物理学と形而上学の境界

ともあれ、物理学と形而上学の境界は、時代とともに変わっている。古代においては、ほとんどの領域が形而上学に属していた。しかし、時代の進歩とともに、観測や実験が進歩し、物理学の領域が拡大してきた。だから、現在のところまだ形而上学の領域に属しているものであっても、将来は物理学に入るかもしれないのである。

形而上学と物理学とを混合するのは良くないが、夢多い形而上学は、現実的な物理学の温床でもある。夢と現実とをたがえるのは、ばかばか

Ⅳ. 宇宙論と統一思想の和合を目指して

しいことかもしれないが、しかし夢のない現実もまた味気のないものである。現在の宇宙論は、正に形而上学と物理学の狭間にあるように思われる。ともあれ、本書は宇宙論の探究をその主要な目的としているので、ここで宇宙の性質への探究に戻りたいと思う。

宇宙の重要な数理的性質①：10^{40}の統一思想的意義

　さて、この宇宙には二つの重要な数理的性質がある。その一つはイギリスの天文学者であるエディントンが気づいたものである。それは、宇宙を記述するマクロな量と素粒子を記述するミクロな量との間に、奇妙な関係があるというのである。例えば、宇宙の半径（マクロな量）と電子の半径（ミクロな量）との比を求めると、この比はほぼ 10^{40} という巨大な無次元数になる。ところが、陽子と電子の間に働く力と重力の比もほぼ 10^{40} になる。また、宇宙の膨張速度を表すハッブル定数と重力の強さを表す重力定数との比も、ほぼ 10^{40} になる。

　このように、10^{40} という巨大な数が、これほど度々出てくるからには、ミクロな世界とマクロな世界の間には、何か深い結びつきがあるからなのではないだろうか？　もしも、そんな結びつきがあるのなら、素粒子の理論で記述できるミクロな世界の構造は、マクロな世界である全体としての宇宙にも深い影響を及ぼしているという証拠になるはずだとも考えられよう。それとも、上述のようなマクロな量とミクロな量の間に存在する奇妙な数理的一致は、単なる偶然であるのだろうか？　あるいは、何か深い意味があるのだろうか？

　現在の物理学では、まだこの謎を解くことができず、ただの偶然性ではないだろうかと考えている。しかし統一思想によれば、この 10^{40} という巨大な数には、重要な意味が含まれていると見ることができるのではないかと私は思う。具体的に言えば、統一思想で明らかにされているように、数理的に存在し給う神が、ご自身の数理性に似せて創造なされたのが、この被造世界であり、数理的な実体としてのこの宇宙である。

　それゆえに、例えば宇宙の発展の歩みなどのような事象の中に、つまりこの宇宙の中で起きる数々の現象の中に、神の数理性が宇宙の性質として表れているはずである。このような考え方により、前述の 10^{40} と

いう巨大な数は、実は神の数理性が宇宙を記述するマクロの量と素粒子を記述するミクロな量との間に存在する奇妙な関係として現れたものなのではないかと、私には思われるが、事実は果たしてどのようなものなのであろうか？

ところで、10^{40}という数は10と40という二つの数から成り立っている。10と40という二つの数については、前にイスラエル民族の歴史を探究したときに、すでにその原理的な意義について説明したが、ここで簡単に回顧するとすれば、次のようにまとめられよう。

神は堕落したアダムの後の10代目にノア（10数に対応）を選ばれて、アダムが失敗した摂理を、ノアを中心として復帰しようとされたのである。それゆえに、ノアは復帰摂理の中心人物として、40数による信仰基台（40数に対応）を立てて、創造目的を完成しなければならなかった。つまり、10数に対応するノアが、40数に対応する信仰基台を背負って歩まなければならなかったのである。だから、その路程を10^{40}という数で表現したのであると考えられるのではないかと思う。

この考え方は、あるいは「こじつけ」と思われるかもしれないが、しかし気楽に楽しめる面白い考えではないだろうか、と私は思う。ともあれ、この10^{40}という数は、前述のエディントンが主唱したような宇宙と素粒子の各々を記述するマクロな量とミクロな量との間の奇妙な関係を、神が相似の創造説によって創造なされた被造世界の中に、相似的に表されたものであると考えられよう。この考えは、実に当を得たものであると、自分でも感心してやまないが、どうであろうか？　まあ、冗談はこれくらいにして、ここでひとまず10^{40}という数についての探究を終えて、次の問題に移りたいと思う。ということは、つまり宇宙に存在する二つの重要な数理的性質の中の一つの性質である10^{40}に関する探究を終えて、次にもう一つの数理的性質に取り組んでいきたいと思う。

宇宙の重要な数理的性質②：人間のために微調整されている宇宙

さて、この宇宙の中にあるもう一つの数理的性質とは、この宇宙は人間が生きるために微調整されているという驚くべき事実である。

一例を挙げれば、宇宙の膨張速度と宇宙の年齢についてであるが、大

IV. 宇宙論と統一思想の和合を目指して

雑把に言って、宇宙の膨張速度が大きければ、宇宙の年齢は小さく、膨張速度が小さければ、宇宙の年齢は大きい。それゆえに、もしも宇宙が今よりもずっと年を取っていたならば、この銀河系の恒星の大半はすでに燃え尽きていただろう。逆に、もしも宇宙が今よりもずっと若かったのならば、地球の核を構成している鉄や生物の生存に必要不可欠な炭素などもまだ存在していなかったであろう。

その意味で、人間が生きるためには、宇宙は年を取りすぎていても若すぎていてもいけないのであり、ちょうどよい年齢でなければならない。私たち人間が現在このように生きていることができるのは、この宇宙の年齢が実際にちょうどよい年齢に微調整されている結果がもたらしたものであると考えられる。これは、つまり宇宙は生命が誕生し生存することができるのに都合よく微調整されていることを示しているものといえよう。

ところで、私たち人間が生存しているこの世界には重力が満ちており、その重力の働きは宇宙の成り立ちと深く関わっていると考えられている。宇宙がどのように生まれ、今後どうなるのかは、重力に大きく左右されていると言っても、決しておおげさではない。私たちを地球につなぎ止めている重力は、宇宙を支配する力でもある。

もしも重力があまりにも強ければ、宇宙は誕生したらすぐに重力の重みでたちまち潰されてしまうだろう。逆に、重力があまりにも弱ければ宇宙はあっという間に膨張し、そのためにたちまち冷えてしまい、生命はおろか星さえも生まれなかったであろう。

しかし実際には、宇宙は長い期間をかけて星をつくり、そこで私たちのような生命体を生み出したのであるが、それができたのは、重力がそのために「ちょうどよい強さ」だったからであると思われる。このように人間が生きるために、重力の強さがちょうどよい強さに微調整されているということは、単なる偶然なのだろうか。それとも必然的にそうなる原理があるからだろうか。

ともあれ、重力の強さによって宇宙の変化の有様が異なるようなこの事象は、重力の代わりに、宇宙の中に含まれる物質の量によっても表現することができる。もしも初期宇宙において、宇宙に含まれている物質

の量が大きすぎれば、宇宙の膨張に歯止めがかけられ、人間が存在できるほどの大きさになる前に、宇宙は収縮に転じて消えてしまうだろう。逆に、もしも物質の量が少なすぎれば、構造が形成されないうちに、宇宙はどんどん膨張してしまうだろう。星や銀河のような構造が形成されなければ、人間のような生命体は存在できないに違いない。それゆえに、今のような宇宙が存在しているのは、宇宙の中に含まれている物質の量が、ちょうどよい大きさに微調整されているからであると考えてよいと思う。

　以上見てきたいろいろな物理量を、人間がこの宇宙に生きるためにちょうどよい大きさに微調整することは、人間の能力によっては及びもつかないことである。この驚くべき事実を理解するために、例えば物理定数の値や初期条件の異なる多数の宇宙を考え、人間はその多数の選択肢の中で、自分たちが存在できるような宇宙にいるだけであるといったような多宇宙を持ち出した人間原理のような考え方に頼るのが手っ取り早い説明になるかもしれない。

　このような説明によれば、物事を難しく考えないですむかもしれないが、しかしこれは逃避的な考え方であると思われる。それどころか、この考え方は「なぜ」この世界がこのようになっているのかという疑問に答えているとは思えない。すべては偶然の出来事であるということになり、それでは科学的な理論とはなり得ない。あるいは、こうした問題は哲学の範疇に属するものと見るべきではなかろうか。

　統一思想によれば、神はご自身の喜びの対象として創造される人間が生存する環境として、宇宙万物を創造されたのである。ところで、神が宇宙万物を創造されたことについて、私は次のように思うのである。

　それは、神が人間にも喜びに満ちた人生を過ごすことを願われて、人間が幸せに楽しく生きていけるために、いろいろな物理量がちょうどよい大きさに微調整された宇宙万物を創造されたのであると、私には思われるのだが、これは正しい思いではなかろうか。

宇宙論発展史の総括

　ともあれ、以上で宇宙の性質に関する探究を終えて、次に宇宙論の発展してきた歴史を簡単にまとめて、本書の締めくくりにしたいと思う。

IV. 宇宙論と統一思想の和合を目指して

　まず、ニュートンの力学体系を中心とした古典物理学が完成した時代に成り立っていた宇宙論を「古典論的宇宙論」と呼ぼう。ところで、宇宙論とは、その文字が示しているごとく、宇宙そのものを科学的に論じる物理学の一分野であると考えれば、次には、「では宇宙とは何であるか」という問題に面することになる。前に述べたように、中国の古い文献である『淮南子』で、「宇宙」とは時間と空間を合わせた存在である、と説明している。

　このような時間と空間を合わせた存在が宇宙であるという見方に相対して、ニュートン力学的な見方では、時間と空間は物体とは独立した存在で、物体がそこで運動する場所であると見ている。したがって、物体の運動がすべて止まってしまっても、時間と空間は静かにそこにずっとあり続けると考えている。

　実際、ニュートンは時間と空間は両方とも永遠にして無限であると考えており、その考えは生涯変わらなかったと言われている。ニュートンの考えは重力理論に基づいたものである。簡単に論ずれば、もしも物質が有限の広がりの中に分布しているのなら、重力の作用によって、物質は一カ所にかたまってしまうだろう。それを避けるためには、物質は無限空間に散在し、その空間内で物質は全方向から無限大の力で引っ張られるが、その無限大の力同士には、お互いに打ち消し合うような微妙な釣り合いが取れている。そしてこの宇宙で、そんなに見事な釣り合いが取れていることこそが、「宇宙論的な、神が存在する証拠」にほかならないというのである。

　さて、以上見てきたように、ニュートンの古典力学体系を中心とした古典物理学より、非常に単純な古典論的宇宙論が導かれたが、しかしこのような時間と空間は物体の運動に関係なく存在するという古典的な見方は、アインシュタインの一般相対性理論によって覆された。深い洞察によってアインシュタインは、時間や空間は物体の運動状態と無関係ではないと見抜いたのである。

　アインシュタインの相対論によって、時間と空間を記述する方法が提供され、これによって宇宙そのものを科学的に研究することが可能になったのである。アインシュタインは科学的な宇宙論として「静止宇宙モデ

187

ル」を構築した。このモデルは、宇宙には始めも終わりも存在せず、膨張や収縮をしないという静的なモデルである。

　ところで、アインシュタインは相対論から宇宙を記述する方程式を導き出した。このアインシュタイン方程式は、物質のエネルギーにより時空が歪むことを表している。つまり、時空の歪み具合が、物質のエネルギーに等しいことを表した方程式である。しかしこの方程式を解いてみると、宇宙が膨張したり、収縮して潰れたりするという結果が得られる。当時のアインシュタインは、宇宙は定常であると考えて前述のように「静止宇宙モデル」を構築していたので、方程式の解として示された宇宙は変化するという結果を受け入れることができず、それで物質間の引力とは逆向きの力、つまり斥力を宇宙項として方程式に導入することによって、静的宇宙像を描いたのである。

　しかし、その後ハッブルが宇宙は膨張していることを発見したことにより、アインシュタインは宇宙項の導入を取り下げた。ところで宇宙が膨張しているのを最初に発見したと言われているルメートルは、膨張宇宙を発見した後も、宇宙項の重要性を認識し、それを捨て去ってしまったアインシュタインに再考を促した、ということが伝えられている。

　ともあれ、近年の観測結果から、宇宙項が再び復活されて、宇宙の発展に大きな影響を及ぼしているとして注目を浴びている。そして今では、宇宙項の正体は真空エネルギーではないかとも考えられている。さて、相対論によって宇宙そのものを探究の対象としたアインシュタインのこのような宇宙論を、「相対論的宇宙論」と呼ぼう。

量子論的原理の総括

　ではここで、アインシュタインが考えていた大きいマクロな「宇宙」に関わる宇宙論の探究を終えて、次にこの最も大きいマクロな宇宙に相対する最も小さいミクロの「量子の世界」について探究したいと思う。

　小さい量子（素粒子）の世界になると、古典的な物理学の世界とは大きく様子が異なってくる。古典物理学は人間の直感に基づいた比較的理解しやすい物理学であり、それによって導かれる宇宙論の特徴としては、宇宙の始まりの状態（初期条件）より、物理法則に則って計算すること

Ⅳ. 宇宙論と統一思想の和合を目指して

によって、その後に起こる宇宙のすべての振る舞いが決定される、ということにある。

ところが、このような方法によって、人間の直感では及びもつかないミクロの世界を調べてみると、古典論ではどうしても理解できない現象が現れてくる。量子論は、それらの現象を理解したいために生まれたのである。その結果、人間の直感では及びもつかないような奇妙な世界観が生まれた。しかし、その世界観がいくら奇妙であっても、それが事実であるならば、私たちはそれを受け入れざるを得ない。

量子論の原理は、とてつもなく小さな粒子（量子）の世界で顕著に現れる。一例を挙げれば、運動している粒子を観測した場合、ある場所に粒子を観測した後、他の場所にその粒子があることを観測すると、それらの観測した二つの時刻には、粒子がある場所が特定されるが、しかし他の時間にその粒子が、もしも周りと何の関係も持っていなければ、その二つの時刻の間、その粒子がどこで何をしていたのかは永遠に知ることができない。いや知ることができないだけではなく、どこで何をしていたのかという真実そのものがない、ということを意味している。これが量子論の主張なのである。

常識的には、このような主張はとても理解しにくいが、それが量子論の述べる真実なのである。つまり、量子論によれば、観測されていない間の粒子は、どこか一つの決まった場所にあると考えてはいけない。それどころか、あらゆる可能な場所に存在していると考えるのである。別の言い方をすれば、観測されていない粒子は、存在と非存在の区別があいまいになっている。つまり、存在と非存在を同時に併せ持つような状態にあるとも言えるのである。これは直感的には理解し難いあいまいな状態であるが、自然がなぜそんな状態になっているのか、という理由を量子論では説明していない。ただ自然はそうなっているのである、としか言えないのであろう。

以上見てきたように、量子論では存在と非存在が混ざり合った状態で「ものごと」が進むというのである。それゆえに、宇宙全体に量子論を当てはめれば、宇宙全体が存在しているのか、存在していないのかというような、はっきりしない状態になってしまう。この、あるのか、ない

189

のかはっきりとしない状態というものは、「量子ゆらぎ」と呼ばれている。つまり、宇宙全体が存在と非存在の間に放り込まれた量子的状態にあるということになる。すなわち、宇宙全体が量子ゆらぎになっているということになる。そして、前に「無からの宇宙創世論」のところで述べた「無」というのは、このような宇宙全体が量子ゆらぎになっている状態であるということができよう。

量子論的宇宙論

ところで、量子ゆらぎとは別に、宇宙全体について考えるべきもう一つの問題は、重力に関わるものである。宇宙全体の振る舞いは重力に支配されているので、宇宙全体に量子論を適用するには、量子重力理論が必要となる。しかし、この理論は未だ完成されていない。それゆえに、宇宙全体に量子論を適用した場合、どうしてもその理論は不完全なものになるのが現状である。この次に、この問題について考えてみたいと思う。ところで、以上取り扱ってきたような、量子論の考えを宇宙全体に適用して研究する宇宙論を、「量子論的宇宙論」と呼ぼう。

さて、重力に関わる問題であるが、重力を含んだ自然界の四つの力を統一して説明できる理論として、いわゆる「究極理論」の有力な候補と目されている理論として、「超ひも理論」が提唱されている。超ひも理論は未完成ではあるが、非常な成功を収めていると思われている。超ひも理論には五つの異なるタイプが知られている。しかし、この五つの理論の実体は一つである。つまり、五つの超ひも理論は、同じものが別の姿に見えるだけで、実体は一つであると考えられている。そして、これらの五つの超ひも理論を束ねたのが「M理論」である。

M理論によれば、私たちが住んでいるこの世界は、十次元の空間と一次元の時間を合わせた十一次元の時空であるという。そして私たちの宇宙は、この十次元空間の中の薄い三次元の膜のブレーン宇宙なのである。このように、私たちの宇宙が十次元空間に浮かぶブレーン宇宙ならば、すぐ隣にも同じような宇宙があるかもしれないし、また物理法則のまったく異なる宇宙が無数にあるかもしれないのである。

Ⅳ. 宇宙論と統一思想の和合を目指して

M理論的宇宙論

　M理論で考えられている多宇宙のほかにも、現在の宇宙論ではさまざまな多宇宙が考えられている。しかし、それらの多宇宙のうち、どれが真実で、どれがそうでないのかは、今のところまだわからない。それぞれみな真実かもしれないし、どれも存在しないかもしれない。あるいは、それらの多宇宙は見かけ上違うが、実は同じ概念なのかもしれない。ともあれ、M理論によって考えられている以上のような宇宙論を「M理論的宇宙論」と呼ぼう。

統一論的宇宙論

　では最後に、統一思想による宇宙創造の理論について見てみよう。統一思想では、前に述べたように、神（原相）は心情を動機として、愛の対象として人間と万物を創造されるという創造目的を中心として、相似の法則に則って宇宙万物を創造されたのである、と述べている。

　そうだとすれば、宇宙万物は神（神相）に似た被造物であり、はたまた神と宇宙万物との関係は、創造者と被造物の関係、無限と有限の関係、原品と模造の関係であると見るのが、統一思想（統一原理）の観点である。特に神と人間との関係を、父母と子女の関係と見る立場を取っている。それゆえに、統一思想は創造の心情動機説と相似の創造説に立脚した理論体系である。

　ところで、統一思想により、ちょっと大雑把ではあったが、以上のように論述した宇宙万物の創造の理論を、元来、「統一思想的宇宙論」、または「統一原理的宇宙論」と呼ぶべきなのではないかと思われるが、これを略称して「統一論的宇宙論」と呼ぼう。

結論

　以上で、現在までに発展してきた宇宙論の、概略的な探究を終えたいと思う。ただ、ここで遺憾に思うのは、本書で重力波について論述しなかったことである。ともあれ、重力波については、近い将来、別に「重力波天文学と統一思想」として検討する機会があることを望みつつ、これで筆を置くことにしよう。

〈著者略歴〉

張鏡清

1929年、台湾生まれ。州立台南二中卒業後、来日。

日本で陸軍士官学校予科一年修了後、帰国。

国立台湾大学理学院物理学系卒業。卒業後、兵役で義務服役二年。この間、台湾
に派遣された米国の軍事顧問団で通訳官担任。退役後、国立台湾大学理学院物理
学系助教、講師、副教授を歴任。この間に研究のため二回出国。日本原子力研究
所で外来研究員としてプルトニウム・モニターを設計。米国オハイオ大学で客員
研究員としてストリッピング反応論を研究。

台湾大学退職後、大同公司（台湾最大の家電総合メーカー）に入社。中央映管研
究所副所長。所長代理を務め、ブラウン管工場に対するカラーブラウン管の製造、
品質管理を指導。大同公司退職後、科学と宗教・思想の統一に興味を持ち、物理
学と統一思想の関係を研究。

現在、台湾統一思想研究院院長。

趣味は歴史小説の閲読、社交ダンス、軟式テニスなど。

主な中国語訳本に『原理講論』、『聖歌』、李相軒著『共産主義の終焉』など。

主な著書に『Physics and Unification Thought』、『物理学と統一思想』など。

現在、『重力波天文学と統一思想』執筆中。

宇宙論と統一思想

2019年 4 月10日　　初版発行

著　者　張鏡清
発　行　株式会社 光言社
　　　　〒150-0042 東京都渋谷区宇田川町 37-18
　　　　TEL（代表）　03（3467）3105
　　　　https://www.kogensha.jp
印　刷　株式会社 ユニバーサル企画

©UNIFICATION THOUGHT INSTITUTE 2019 Printed in Japan

ISBN978-4-87656-841-3

落丁・乱丁本はお取り替えします。